ARBEITSHEFT ZUR
LITERATURGESCHICHTE

AUFKLÄRUNG

TEXTE · ÜBUNGEN

REINHARD LINDENHAHN

Cornelsen

Redaktion: Petra Bowien
Entwurf und technische Umsetzung: Julia Walch, Bad Soden

1. Auflage   Druck 4 3 2 1   Jahr 98 97 96 95
© 1995 Cornelsen Verlag Berlin
Das Werk und seine Teile sind urheberrechtlich geschützt.
Jede Verwertung in anderen als den gesetzlich zugelassenen Fällen
bedarf deshalb der vorherigen schriftlichen Einwilligung des Verlages.
Druck: Druckhaus Langenscheidt, Berlin
ISBN 3-464-61146-9
Bestellnummer 611469

 gedruckt auf Recyclingpapier, hergestellt aus 100% Altpapier

Inhalt

Wessen Verstand die Bücher nicht schärfen ...   5
(Vorwort)

Was ist Aufklärung?   7
(Basistexte)

G. Chr. Lichtenberg: Aphorismen   9
G. E. Lessing: Fabeln   10
G. E. Lessing: Eine Duplik   13
I. Kant: Was ist Aufklärung?   14
G. E. Lessing: Der Besitzer des Bogens   18

Der Hof ist nicht der Ort, Moral zu lernen   19
(Adel und Bürgertum in Lessings „Emilia Galotti")

„Die unbedeutende Sprache der Galanterie" – der Adel   19
„Mit vielem Prunke von Tugend und Gefühl" – das Bürgertum   25
Texte zu „Emilia Galotti"   32

Sie wird gewiß kommen, die Zeit der Vollendung   36
(Utopie und Religion)

Aufklärung und Judentum: Toleranz nur als Fernziel   36
Die Erziehung des Menschengeschlechts   38
Der rechte Ring war nicht erweislich – Lessing: „Nathan der Weise" (Ringparabel)   39
G. E. Lessing: Eine Parabel   43

Laokoon, Anakreon und Hanswurst   45
(Kunsttheorie und Unterhaltung in der Aufklärung)

Edle Einfalt, stille Größe   45
Das Theater der Wanderbühnen   46
Moralische Wochenschriften und literarischer Markt   48
Literarisches Rokoko (Anakreontik)   49

Die Frau wird frei geboren ...   51
(Frauenemanzipation im 18. Jahrhundert)

Aufklärung als Männersache – zur Rolle der Frau   51
Zwei von nicht sehr vielen ...   55
    Sophie von La Roche   55
    Olympe de Gouges   57

Lessing – eine Biographie des 18. Jahrhunderts 59

Ein erfülltes Leben? 59
Lebensstationen und wichtigste Werke Lessings 60
Lessings Selbstbild 60
Briefe Lessings zum Tod von Frau und Kind 61
Die letzten Jahre 62

Menschliches, Alltägliches 63
(Das Leben im Zeitalter der Aufklärung)

Adelskritik und Lebensart – Freiherr von Knigge 63
Vernünftige Prügel (Die „aufgeklärte" Erziehung) 66
Marter und Menschlichkeit (Der Strafvollzug) 69
Körper und Geist (Hygienevorstellungen) 73

Die Aufklärung im Zwielicht? 75
(Positionen zur Aufklärung)

U. Im Hof: Das Erbe der Aufklärung★ 75
K. Jaspers: Richtig und falsch verstandene Aufklärung★ 76
G. Grass/F. Goya: Der Traum der Vernunft gebiert Ungeheuer 78
G. Kunert: Aufklärung I 80

Die Epoche und ihr Umfeld 81
(Ein Überblick)

Rätselhaftes 83

Die Hand der Germanistikstudentin 83
Aufklärung in Silben 85
Sätze der Aufklärung – oder etwa nicht? 85
Was für ein Zeichen meinte Lichtenberg? 86

Bild- und Textquellenverzeichnis 87

Lösungshinweise sind dem Heft beigelegt.

Überschriften, bei denen es sich nicht um Originaltitel handelt, sind mit ★ gekennzeichnet.

Wessen Verstand die Bücher nicht schärfen ...

Wer aus den Büchern nicht mehr lernt, als was in den Büchern steht, der hat die Bücher nicht halb genutzt. Wen die Bücher nicht fähig machen, daß er auch das verstehen und beurtheilen lernt, was sie nicht enthalten; wessen Verstand die Bücher nicht überhaupt schärfen und aufklären, der wäre schwerlich viel schlimmer dran, wenn er auch gar keine Bücher gelesen hätte. (G. E. Lessing)

Jenen, die Lessings Aussage auf das vorliegende Buch anwenden, stellen sich zwei Fragen:

Erstens: Was will dieses Buch?
Herkömmliche Hefte und Bücher zur Literaturgeschichte in der Schule bieten vor allem eins: umfangreiches Textmaterial der jeweiligen Epoche und viel theoretische Überlegungen der Zeitgenossen. Nun, das findet sich in diesem Heft selbstverständlich auch, denn literarische Texte gehören ebenso zur Literaturgeschichte wie eine kleine Auswahl theoretischer Texte. Aber unser Arbeitsheft geht weiter: Um zu verstehen, weshalb ein Drama, ein Roman oder auch ein Gedicht zu seiner Zeit so bedeutsam oder gar revolutionär war, muß man wissen, was zu dieser Zeit gedacht wurde, wie die Menschen lebten, was sie beschäftigte. Deshalb werden zusätzlich interessante Einblicke in die Kultur- und Sozialgeschichte der Zeit vermittelt, wobei jedoch nie der Zusammenhang mit der Literatur aus den Augen verloren wird. Wer z.B. vom Freiherrn von Knigge hört, was er seinen Lesern zum Umgang mit „den Großen" dieser Erde rät, und wer dazu noch etwas über die damalige Erziehung gerade auch der jungen Mädchen liest, der versteht vieles an Lessings „Emilia Galotti" besser.

Zweitens: Was können und sollen die Leserinnen und Leser dieses Buches tun, um mehr daraus zu lernen, als was darin steht?
Das Arbeitsheft wurde ganz bewußt als **Arbeits**heft und nicht als reine Textsammlung angelegt. Wir möchten, daß unsere Leserinnen und Leser mehr tun, als nur zu lesen, um mehr daraus zu lernen, als was darin steht. Wer einen Text nicht nur liest, sondern an ihm arbeitet, dringt tiefer in den Text ein. Deshalb gibt es in diesem Heft kreative Aufgaben (sie sind durch und eine Schreibfeder gekennzeichnet), die dazu auffordern, selbst tätig zu werden und den Text aus-, um- oder nachzugestalten. Und da dies ein Arbeitsheft ist, ist es auch erwünscht, darin z.B. Texte zu gliedern, Stellen zu markieren oder Bemerkungen an den Rand zu schreiben. Diejenigen Aufgaben, die den Leserinnen und Lesern zeigen sollen, wie man am Text arbeitet, sind mit einem Bleistift gekennzeichnet. Und wenn man dann einen Text **erarbeitet** hat, ist man auch sicher genug, eigene Gedanken dazu zu entwickeln, über die Texte und ihren Bezug zur Gegenwart zu diskutieren und Fragen dazu zu erörtern (dafür steht das „E"). Mehr lernen, als im Buche steht, heißt aber auch, sich selbständig weitergehend zu informieren und diese Informationen unter Umständen an andere in Form von Kurzreferaten weiterzugeben. Auch dafür gibt es einen Hinweis.

Zum Aufbau des Arbeitsheftes
Mehr lernen, als im Buche steht – auch in bezug auf seinen Aufbau will das Arbeitsheft diesem Anspruch gerecht werden. Die Kapitel sind in vier Kategorien eingeteilt: Das Basiskapitel spricht die wichtigsten Themen der Epoche an, exemplarisch veranschaulicht an einigen kurzen und prägnanten Texten, die die Eigenart der Aufklärung in

besonderem Maße transparent machen. Dabei entspricht der Aufbau dieses Kapitels thematisch der Abfolge der Kapitel im Arbeitsheft als Ganzem: Auf eine übergreifende Gesamtschau folgt der Schwerpunkt Religion und Toleranz, danach eine Zusammenstellung wichtiger ästhetischer Positionen der Zeit.

Die zweite Kategorie bilden jene Kapitel, die die ersten ergänzen und vertiefen (Frauenemanzipation, Lessing, Alltag). Die Textauswahl erfolgte hier wie überhaupt im ganzen Arbeitsheft nach den Kriterien der Aussagekraft, Repräsentativität und Originalität. Dies ergibt eine Zusammenstellung, die neben Standardtexten auch weitgehend unbekannte Zeugnisse des 18. Jahrhunderts berücksichtigt und so einen Gesamteindruck von der Epoche ermöglicht.

Im dritten Teil (Positionen zur Aufklärung, Umfeld der Epoche) finden sich Texte und Informationen zur Rezeption der Epoche, und die Literatur der Aufklärung wird im großen Rahmen der deutschen und europäischen Geistesgeschichte betrachtet. Das letzte Kapitel ist ein motivierendes Kapitel mit Rätseln, die sich allesamt auf Inhalte des Arbeitsheftes beziehen. Wer sie lösen kann, hat gründlich gelesen!

Schließlich liegen dem Heft Lösungshinweise bei. Sie entsprechen dem hierarchischen Aufbau des Arbeitsheftes. Zu den ersten Kapiteln werden noch detaillierte Lösungsvorschläge gemacht, während diese zu den folgenden Kapiteln schon reduziert werden. Zu den restlichen Kapiteln (mit Ausnahme des Rätsel-Kapitels) werden nur allgemein gehaltene Hinweise gegeben, denn hierzu wird vorausgesetzt, daß sich die Leserin bzw. der Leser schon so in die Epoche eingearbeitet hat, daß es keines ausführlichen Kommentars mehr bedarf.

Es folgt schließlich eine ausführliche Literaturliste, die neben den im Arbeitsheft zitierten Werken besonders jene Titel nennt, die sich für den Schulgebrauch eignen.

Das Problem der Epochenbildung
Die Einteilung der Literatur einer Zeit in Strömungen und Epochen birgt das Problem in sich, daß Zusammengehörendes getrennt wird. Jede Art der Einteilung von Literaturgeschichte in Epochen hat etwas Vorläufiges und Unbefriedigendes, weil sie scharfe Grenzen vortäuscht, wo fast nahtlose Übergänge sind, und weil sie eventuelle Zusammenhänge zwischen den Epochen mißachtet. Darüber hinaus erweckt das Postulat verschiedener Epochen häufig den Eindruck, diese lösten sich gegenseitig ab. Das Gleichzeitige des Unterschiedlichen wird damit vernachlässigt.

Andererseits gibt eine literaturgeschichtliche Periodisierung wichtige Orientierungshilfen und erlaubt – als Hilfskonstruktion verstanden – die Unterscheidung und kategorisierende Einordnung der gerade für Schülerinnen und Schüler unüberschaubaren Vielfalt der literarischen Werke einer Zeitspanne.

Literaturgeschichte soll zunächst einmal lebendig sein, soll Spaß machen, soll die Aktualität älterer Literatur zeigen, so daß diese nicht als nutzloser Bildungsballast, sondern in ihrer Geschichtlichkeit als Teil und Voraussetzung heutiger Denk- und Lebensformen verstanden werden kann. Von diesen Überlegungen ausgehend, wird die herkömmliche Einteilung der deutschen Literaturgeschichte in Epochen beibehalten, gleichwohl aber versucht, durch die Textauswahl die notwendigen Bezüge zwischen den Epochen, das Verbindende, herzustellen.

Was ist Aufklärung?

Daniel Chodowiecki (1726 – 1801) schreibt zu seinem Kupferstich mit dem Titel „Aufklärung" folgendes:

> Dieses höchste Werk der Vernunft […] hat bis jetzt noch kein allgemeines verständliches allegorisches Zeichen (vielleicht weil die Sache selbst noch neu ist), als die aufgehende Sonne. Es wird auch wohl lange das schicklichste bleiben, wegen der Nebel, die immer aus Sümpfen, Rauchfässern und von Brandopfern auf Götzenaltären aufsteigen werden, die sie so leicht verdecken können. Indessen wenn die Sonne nur aufgeht, so schaden Nebel nichts.

Der Begriff „Aufklärung" ist von Beginn an untrennbar mit der Metaphorik des Lichts verknüpft, und zwar in ganz Europa. „Licht" steht dabei für Vernunft, Freiheit, Vorurteilslosigkeit, Abkehr von mittelalterlicher Dumpfheit und Aberglauben. Wieland drückt dies folgendermaßen aus:

> Aufklären heißt […] wegräumen wie mancherlei Hüllen und Decken vor den Augen, Platz machen dem Licht in Verstand und Herz, daß es jenen erleuchte, dieses erwärme, und eintreten in die Gebiete der Wahrheit und Ordnung, wo die Bestimmung des Menschen, die wahre Glückseligkeit thront.

„Enlightenment" oder „Age of Reason" wird die Bewegung in England genannt, und in Frankreich steht „Lumières" für Einsicht, Wissen und Klarheit des Geistes.

1. Formulieren Sie in eigenen Worten die Zielsetzungen der Aufklärung; wofür tritt sie ein, wogegen richtet sie sich?
2. Betrachten Sie das Bild genau, und beschreiben Sie es. Machen Sie sich selbst ein „Bild" von der Aufklärung, indem Sie eines zeichnen oder als Collage entwerfen.

> Was ist Aufklärung? Diese Frage, die beinahe so wichtig ist, als: was ist Wahrheit, sollte doch wohl beantwortet werden, ehe man aufzuklären anfinge! Und doch habe ich sie nirgends beantwortet gefunden!

Diese provokanten Zeilen finden sich in einer Fußnote eines völlig unbedeutenden Artikels in der Dezember-Nummer der „Berlinischen Monatsschrift" von 1783. Der Verfasser, ein Berliner Pfarrer namens Johann Friedrich Zöllner, wendet sich darin gegen die „Aufklärung" und provoziert damit eine Reihe programmatischer Schriften, die zur zentralen Standortbestimmung der deutschen Aufklärung werden sollten. Neben einigen unbedeutenden Verfassern äußern sich 1784 mit Moses Mendelssohn, Christoph Martin Wieland und Immanuel Kant auch drei der wichtigsten Vertreter der Epoche.
Wenn man bedenkt, daß die Anfänge der Aufklärung schon am Ende des 17. Jahrhunderts gesehen werden können, so muß es erstaunen, daß der Begriff „Aufklärung" erst gegen Ende der Epoche reflektiert wird. Zunächst wurde „aufklären" noch vorwiegend als meteorologischer Begriff verwendet, bis man dann – angefangen in den zwanziger Jahren des 18. Jahrhunderts – mehr und mehr in geistiger und theologischer Hinsicht von „aufklären" zu sprechen begann. Nun wurden ethische und religiöse Fragen „vernünftig" erörtert, und theologische Positionen wurden verstärkt nach den Grundsätzen ihrer Vernünftigkeit und ihrer Relevanz für das gesellschaftliche Leben beurteilt. Gegen 1770 hatte sich der Begriff „Aufklärung" im Sinne wissenschaftlicher Erhellung und Durchdringung etabliert, noch immer aber war er kein Epochenbegriff. Erst Kants Aufsatz „Was ist Aufklärung" brachte diesbezüglich erste Ansätze. Dennoch dauerte es noch annähernd vierzig Jahre, bis der Philosoph Hegel schließlich den Epochenbegriff „Aufklärung" prägte.
Nichtsdestoweniger ist gerade dieser Epochenbegriff sehr umstritten. Zum einen erscheint Hegels Festlegung auf die Zeit zwischen 1740 und 1790 recht willkürlich, weil sie die ganze Frühaufklärung außer acht läßt und so tut, als hätte sich eine derart komplexe Epoche urplötzlich aus dem Nichts entwickelt. Dabei zeigen sich erste Züge der Aufklärung schon am Ende des 17. Jahrhunderts etwa bei Christian Thomasius. Zweitens wird „Aufklärung" von ihren Vertretern eben gerade *nicht* als eine Epoche verstanden, sondern als ein globaler Aufbruch zur Vernunft in allen Lebensbereichen, der Prozeßcharakter hat und niemals abgeschlossen sein kann. „Aufklärung" ist für die Aufklärer eine anzustrebende Geisteshaltung, ist die Voraussetzung für eine bessere, eine gerechtere und sozialere Welt. Folgerichtig versteht Kant unter dem „Zeitalter der Aufklärung" auch nicht ein „aufgeklärtes Zeitalter", sondern jene Zeit, in der zum ersten Mal Anstöße gemacht werden, die Welt zum Bessern zu verändern, indem die Menschen sich jener Fähigkeiten bedienen, die sie als Menschen auszeichnen: zu denken und vernünftig miteinander umzugehen. Ähnliches zeigt sich beispielsweise auch bei Lichtenberg und Lessing, die in zahlreichen Texten auf die Notwendigkeit hinweisen, die Menschen „aufzuklären", sie zu belehren, zu verändern – selbst auf die Gefahr hin, daß ihnen das unangenehm ist:

> Man spricht viel von Aufklärung und wünscht mehr Licht. Mein Gott, was hilft aber alles Licht, wenn die Leute entweder keine Augen haben, oder die, die sie haben, vorsätzlich verschließen? (G. Chr. Lichtenberg)

1. Gottsched und die Frühaufklärung
2. Bodmer und Breitinger als Wegbereiter der Aufklärung

G. CHR. LICHTENBERG: APHORISMEN

Georg Christoph Lichtenberg (1742–1799) war das achtzehnte Kind eines Landgeistlichen. Seine rachitische Wirbelsäulenverkrümmung machte ihn schon früh zum Außenseiter und zum Meister subtiler Beobachtung von Menschen und ihren Schwächen, die in seinen berühmten Aphorismen ihren Ausdruck fand. Seine naturwissenschaftliche Begabung ermöglichte ihm den Aufstieg zum Physikprofessor in Göttingen. Zwei Reisen nach England prägten sein Weltbild nachhaltig und machten ihm die Enge der deutschen Verhältnisse noch bewußter. Auch im privaten Bereich bekannte er sich konsequent zu seiner freizügigen, aufgeklärten und von bürgerlichen Zwängen weitgehend freien Lebenshaltung, wodurch er freilich in der spießbürgerlichen Welt Göttingens auf völliges Unverständnis stieß.
Mit seinen „Sudelbüchern", einer Sammlung knapp und pointiert formulierter Erkenntnisse und Reflexionen, gilt Lichtenberg als der Begründer des Aphorismus in Deutschland.

1. Wenn du die Geschichte eines großen Verbrechers liesest, so danke immer, ehe du ihn verdammst, dem gütigen Himmel, der dich mit deinem ehrlichen Gesicht nicht an den Anfang einer solchen Reihe vom Umständen gestellt hat.
2. Gewissen Menschen ist ein Mann von Kopf ein fataleres Geschöpf, als der deklarierteste Schurke.
3. Wir leben in einer Welt, worin *ein* Narr viele Narren, aber *ein* weiser Mann nur wenige Weise macht.
4. Daß in den Kirchen gepredigt wird, macht deswegen die Blitzableiter auf ihnen nicht unnötig.
5. Ist denn wohl unser Begriff von Gott etwas weiter als personifizierte Unbegreiflichkeit?
6. Wenn ein Buch und ein Kopf zusammenstoßen, und es klingt hohl, ist das allemal im Buch?
7. Ein Buch ist ein Spiegel, wenn ein Affe hineinsieht, so kann kein Apostel herausgucken.
8. Es ist fast unmöglich, die Fackel der Wahrheit durch ein Gedränge zu tragen, ohne jemandem den Bart zu sengen.
9. Es gibt Leute, die glauben, alles wäre vernünftig, was man mit einem ernsthaften Gesicht tut.
10. Ich kann freilich nicht sagen, ob es besser werden wird, wenn es anders wird; aber so viel kann ich sagen, es muß anders werden, wenn es gut werden soll.
11. Es hatte die Wirkung, die gemeiniglich gute Bücher haben. Es machte die Einfältigen einfältiger, die Klugen klüger, und die übrigen Tausende blieben ungeändert.
12. Es ist eine Frage, ob wir nicht, wenn wir einen Mörder rädern, grade in den Fehler des Kindes verfallen, das den Stuhl schlägt, an dem es sich stößt.

1. Welcher Aphorismus spricht Sie am meisten an? – Warum?
2. Versuchen Sie, von den Themen der Aphorismen ausgehend, Rückschlüsse auf die Grundgedanken der Aufklärung zu ziehen.

G. E. LESSING: FABELN

Äsop war der Legende nach ein phrygischer Sklave von der Insel Samos (6. Jh. v. Chr.) und gilt als der Schöpfer der griechischen Tierfabel. Sie war demnach von Anfang an ein Ausdrucksmittel der Kritik der Schwachen an ihren Unterdrückern. In seiner Abhandlung „Von dem Wesen der Fabel" bezieht sich Lessing ausdrücklich auf Äsop, wobei er davon ausgeht, daß dessen Fabeln tatsächlich die Folge „wirklicher Vorfälle" seien. Lessing distanziert sich von dem modischen Trend seiner Zeit, Fabeln zur reinen Unterhaltung zu schreiben, und anders als die Mehrzahl der zeitgenössischen Fabeldichter bearbeitet er die Texte nicht nur, sondern formt sie um, aktualisiert sie. Seine Aussageabsicht erschließt sich häufig also erst im Vergleich seiner Fassung mit der antiken.

Der Grund für die Beliebtheit der Fabel im 18. Jahrhundert liegt in ihrer erzieherischen Grundhaltung. Sie gibt wichtige Anstöße, ohne jedoch dogmatisch zu sein. Im Gegenteil: Ihre Struktur und ihr Inhalt müssen entschlüsselt werden, bevor der Text wirken kann, und damit wird in hohem Maße der Verstand des Rezipienten angesprochen. Die Fabel bewegt sich nach Lessing auf der Grenze zwischen Poesie und Philosophie, und der zentrale Begriff für die Leistung der Fabel lautete denn auch „anschauende Erkenntnis".

Äsop
Rabe und Fuchs

Ein Rabe hatte ein Stück Fleisch gestohlen und saß damit auf einem Baume. Der Fuchs sah ihn, und weil er sich das Fleisch aneignen wollte, lief er herbei und lobte den Raben. Er sei stattlich und schön, sagte er, und müsse deshalb König der Vögel werden, und das würde durchaus auch geschehen, wenn er eine Stimme hätte. Der Rabe nun wollte beweisen, daß er eine Stimme besitze; er ließ darum das Fleisch fallen und krächzte laut. Da sprang der Fuchs herzu, packte das Fleisch und sagte: „O Rabe, wenn du auch Verstand besäßest, so hätte nichts gefehlt, und du wärest König über alle geworden."

Auf einen dummen Kerl paßt die Fabel sehr gut.

G. E. Lessing
Der Rabe und der Fuchs

Ein Rabe trug ein Stück vergiftetes Fleisch, das der erzürnte Gärtner für die Katzen seines Nachbars hingeworfen hatte, in seinen Klauen fort.

Und eben wollte er es auf einer alten Eiche verzehren, als sich ein Fuchs herbei schlich, und ihm zurief: Sei mir gesegnet, Vogel des Jupiters! – Für wen siehst du mich an? fragte der Rabe. – Für wen ich dich ansehe? erwiderte der Fuchs. Bist du nicht der rüstige Adler, der täglich von der Rechte des Zeus auf diese Eiche herab kömmt, mich Armen zu speisen? Warum verstellst du dich? Sehe ich denn nicht in der siegreichen Klaue die erflehte Gabe, die mir dein Gott durch dich zu schicken noch fortfährt?

Der Rabe erstaunte, und freuete sich innig, für einen Adler gehalten zu werden. Ich muß, dachte er, den Fuchs aus diesem Irrtume nicht bringen. – Großmütig dumm ließ er ihm also seinen Raub herabfallen, und flog stolz davon.

Der Fuchs fing das Fleisch lachend auf, und fraß es mit boshafter Freude. Doch bald verkehrte sich die Freude in ein schmerzhaftes Gefühl; das Gift fing an zu wirken, und er verreckte.

Möchtet ihr euch nie etwas anderes als Gift erloben, verdammte Schmeichler!

1. Vergleichen Sie die beiden Fabeln. Wie sind die beiden Tiere jeweils dargestellt? Welche Taktik verfolgt der Fuchs in beiden Fabeln?
2. Wem soll in den beiden Fabeln eher die Sympathie des Lesers gehören? Inwiefern ändert sich dadurch ihre Aussageabsicht?
3. Verfassen Sie eine Fabel mit Rabe und Fuchs für unsere heutige Zeit.

Äsop
Die Frösche verlangen nach einem König

Betrübt über die bei ihnen herrschende Anarchie, schickten die Frösche Abgesandte zu Zeus und baten, ihnen einen König zu geben. Der Gott, der ihre Beschränktheit erkannte, warf ein Stück Holz in den See hinab. Zuerst erschrocken über den Wellenschlag, tauchten die Frösche in der Tiefe des Sees unter, später aber, als das Holz sich nicht mehr bewegte, tauchten sie wieder auf und bezeugten ihm eine derartige Mißachtung, daß sie auf das Holz stiegen und sich darauf niederließen. Entrüstet darüber, daß sie einen solchen König haben sollten, begaben sie sich ein zweites Mal zu Zeus und ersuchten ihn, ihren Herrscher auszutauschen; denn der erste sei doch gar zu träge. Darüber verärgert, schickte ihnen Zeus eine Seeschlange, die sie fing und verspeiste.

Die Fabel beweist, daß _____.

G. E. Lessing
Die Wasserschlange

Zeus hatte nunmehr den Fröschen einen anderen König gegeben; anstatt eines friedlichen Klotzes eine gefräßige Wasserschlange. Willst du unser König sein, schrien die Frösche, warum verschlingst du uns? – Darum, antwortete die Schlange, weil

_____

_____

_____

G. E. Lessing
Die Esel

Die Esel beklagten sich bei dem Zeus, daß die Menschen mit ihnen zu grausam umgingen. Unser starker Rücken, sagten sie, trägt ihre Lasten, unter welchen sie und jedes schwächere Tier erliegen müßten. Und doch wollen sie uns, durch unbarmherzige Schläge, zu einer Geschwindigkeit nötigen, die uns durch die Last unmöglich gemacht würde, wenn sie uns auch die Natur nicht versagt hätte. Verbiete ihnen, Zeus, so unbillig zu sein, wenn sich die Menschen anders etwas Böses verbieten lassen. Wir wollen ihnen dienen, weil es scheinet, daß du uns dazu erschaffen hast; allein geschlagen wollen wir ohne Ursach nicht sein.

Mein Geschöpf, antwortete Zeus ihrem Sprecher, die Bitte ist nicht ungerecht; aber ich sehe keine Möglichkeit, die Menschen zu überzeugen, daß eure natürliche Langsamkeit keine Faulheit sei. Und so lange sie dieses glauben, werdet ihr geschlagen werden. – Doch ich sinne euer Schicksal zu erleichtern. – Die Unempfindlichkeit soll von nun an euer Teil sein; eure Haut soll sich gegen die Schläge verhärten, und den Arm des Treibers ermüden.

Zeus, schrien die Esel, du bist allezeit weise und gnädig! – Sie gingen erfreut von seinem Throne, als dem Throne der allgemeinen Liebe.

1. Formulieren Sie die Moral der Fabel bei Äsop, schreiben Sie Lessings Text zu Ende, und vergleichen Sie Ihre Version dann mit seiner (S. 2 der Lösungshinweise).
2. Inwiefern läßt sich sagen, daß in Lessings Fabel *beide* Seiten logisch argumentieren? Von welchen Voraussetzungen gehen beide aus?
3. Interpretieren Sie Lessings Fabel „Die Esel". Inwiefern ist sie als gesellschaftskritisch anzusehen?

G. E. Lessing
Der _____ mit dem _____

Als des Äsopus _____ mit dem _____, der ihm durch seine fürchterliche Stimme die Tiere sollte jagen helfen, nach dem Walde ging, rief ihm eine naseweise Krähe von dem Baume zu: Ein schöner Gesellschafter! Schämst du dich nicht, mit einem _____ zu gehen? – Wen ich brauchen kann, versetzte der _____, dem kann ich ja wohl meine Seite gönnen.

So denken die Großen alle, wenn sie einen Niedrigen ihrer Gemeinschaft würdigen.

G. E. Lessing
Der _____ mit dem _____

Als der _____ mit dem _____ des Äsopus, der ihn statt seines Jägerhorns brauchte, nach dem Walde ging, begegnete ihm ein andrer _____ von seiner Bekanntschaft und rief ihm zu: Guten Tag, mein Bruder! – Unverschämter! war die Antwort. – Und warum das? fuhr jener _____ fort. Bist du deswegen, weil du mit einem _____ gehst, besser als ich, mehr als ein _____?

1. Tier	2. Tier

G. K. Pfeffel
Der Affe und der Löwe

Der Löwe brach ein Bein. Man rief
Den Doctor Fuchs, ihn zu kuriren;
Doch alles drehen, schindeln, schmieren
Half nichts; das Bein blieb lahm und schief.
Um dem Monarchen zu hofiren,
Erschien sein erster Hofpoet,
Ein Affe, der gar schlau sich dünkte,
Einst in der Residenz, und hinkte
So arg als seine Majestät.

„Wie?" sprach der Fürst ergrimmt zum Gecken,
„Ich glaube gar, du willst mich necken?" –
„Ich?" lallte Matz, „behüte Gott!
Mich trieb die schönste meiner Pflichten,
Als treuer Knecht, als Patriot,
Nach deinem Vorbild mich zu richten." –
„Geh, Schelm!" fiel ihm der König ein,
„Statt meinen Fehler nachzuahmen,
So hink in deinem eignen Namen!"
Er sprach's und brach ihm knacks ein Bein.

1. Welche Eigenschaften müssen die beiden Tiere haben? Schreiben Sie einige in der Tabelle nieder. Welche Tiere würden Sie wählen? – Begründen Sie.
2. Welche Verhaltensweisen greift Lessing mit diesen Fabeln an, und gegen welche gesellschaftliche(n) Schicht(en) richtet sich sein Angriff?
3. Formulieren Sie je eine Moral zu den beiden Texten.
4. Interpretieren Sie die Fabel des im Elsaß sehr populären Aufklärers Gottlieb Konrad Pfeffel (1736–1809).

G. E. LESSING: EINE DUPLIK

Der folgende, im Januar 1778 verfaßte Text ist Teil von Lessings Auseinandersetzungen mit verschiedenen Theologen (z. B. J. H. Reß, J. M. Goeze) im Rahmen des sog. „Fragmentenstreits". Er stammt aus einer umfangreichen theologischen Abhandlung und ist insofern von großer Bedeutung, als Lessing hier die Diskussion auf eine neue Ebene hebt: die der Erkenntnistheorie. Für Hauptpastor Goeze gab es „unwidersprechliche Wahrheiten", wohingegen Lessings Methode eher der Naturwissenschaft seiner Zeit verpflichtet ist, die zunächst einmal zweifelt, dann überprüft und schließlich vorläufige, hypothetische „Wahrheiten" bildet.
Der Begriff „Duplik" bezeichnet die Antwort des Beklagten auf die Replik des Anklägers vor Gericht – in diese Situation sah sich Lessing gedrängt.

vgl. S. 36 ff.

Ein Mann, der Unwahrheit, unter entgegengesetzter Überzeugung, in guter Absicht, eben so scharfsinnig als bescheiden durchzusetzen sucht, ist unendlich mehr wert, als ein Mann, der die beste, edelste Wahrheit aus Vorurteil, mit Verschreiung seiner Gegner, auf alltägliche Weise verteidiget.

5 Will es denn eine Klasse von Leuten nie lernen, daß es schlechterdings nicht wahr ist, daß jemals ein Mensch wissentlich und vorsätzlich sich selbst verblendet habe? Es ist nicht wahr, sag' ich; aus keinem geringren Grunde, als weil es nicht möglich ist. Was wollen sie denn also mit ihrem Vorwurfe mutwilliger Verstockung [...]? Was wollen sie damit? Was anders, als – Nein; weil ich *auch ihnen* diese Wahrheit muß zu gute kommen lassen; weil ich auch von *ihnen*
10 glauben muß, daß sie vorsätzlich und wissentlich kein falsches, verleumderisches Urteil fällen können: so schweige ich und enthalte mich alles Widerscheltens.

Nicht die Wahrheit, in deren Besitz irgend ein Mensch ist, oder zu sein vermeinet, sondern die aufrichtige Mühe, die er angewandt hat, hinter die Wahrheit zu kommen, macht den Wert des Menschen. Denn nicht durch den Besitz, sondern durch die Nachforschung der Wahr-
15 heit erweitern sich seine Kräfte, worin allein seine immer wachsende Vollkommenheit besteht. Der Besitz macht ruhig, träge, stolz –

Wenn Gott in seiner Rechten alle Wahrheit und in seiner Linken den einzigen immer regen Trieb nach Wahrheit, obschon mit dem Zusatze, mich immer und ewig zu irren, verschlossen hielte und spräche zu mir: „Wähle!" – Ich fiele ihm mit Demut in seine Linke und sag-
20 te: „Vater, gib! die reine Wahrheit ist ja doch nur für dich allein!"

---

1. Lesen Sie den dritten Absatz mehrmals aufmerksam durch, und schreiben Sie seinen Inhalt dann in eigenen Worten nieder.
2. Markieren Sie den Begriff „Wahrheit", und erklären Sie ihn im jeweiligen Zusammenhang. Wo könnte man das Wort in Anführungszeichen setzen, weil Lessing damit eine subjektive Wahrheit meint?
3. Erläutern Sie, welche Konsequenzen Lessings Aussageabsicht für die sprachliche Gestaltung seiner „Duplik" hat.
4. Was könnte Hauptpastor Goeze auf diese Zeilen geantwortet haben? – Formulieren Sie seinen Antwortbrief, und streichen Sie zuvor in Lessings Text jene Passagen an, auf die Sie Bezug nehmen wollen.

I. KANT: WAS IST AUFKLÄRUNG?

Immanuel Kant (1724–1804) gilt als der bedeutendste Philosoph der Aufklärung. In seinen drei Hauptwerken *Kritik der reinen Vernunft* (1781), *Kritik der praktischen Vernunft* (1788) und *Kritik der Urteilskraft* (1790) widmet er sich den Fragen der Grenzen der Erkenntnis, den Gesetzen einer vernunftorientierten Ethik und der Bedeutung von Glaube und Phantasie. Dabei handelt das erste Werk vom Denken, das zweite vom Handeln, das dritte vom Gefühl. Besondere Berühmtheit erlangte ein Satz aus dem zweiten Werk, der sogenannte „kategorische Imperativ": „Handle so, daß die Maxime deines Willens jederzeit zugleich als Prinzip einer allgemeinen Gesetzgebung gelten könne."

Aufklärung ist der Ausgang des Menschen aus seiner selbst verschuldeten Unmündigkeit. Unmündigkeit ist das Unvermögen, sich seines Verstandes ohne Leitung eines anderen zu bedienen. Selbstverschuldet ist diese Unmündigkeit, wenn die Ursache derselben nicht am Mangel des Verstandes, sondern der Entschließung und des Muthes liegt, sich seiner ohne Leitung eines anderen zu bedienen. Sapere aude! Habe Muth, dich deines eigenen Verstandes zu bedienen! ist also der Wahlspruch der Aufklärung.

Faulheit und Feigheit sind die Ursachen, warum ein so großer Theil der Menschen, nachdem sie die Natur längst von fremder Leitung frei gesprochen (naturaliter majorennes*), dennoch gerne Zeitlebens unmündig bleiben; und warum es Anderen so leicht wird, sich zu deren Vormündern aufzuwerfen. Es ist so bequem, unmündig zu sein. Habe ich ein Buch, das für mich Verstand hat, einen Seelsorger, der für mich Gewissen hat, einen Arzt, der für mich die Diät beurtheilt, u.s.w. so brauche ich mich ja nicht selbst zu bemühen. Ich habe nicht nöthig zu denken, wenn ich nur bezahlen kann; andere werden das verdrießliche Geschäft schon für mich übernehmen. Daß der bei weitem größte Theil der Menschen (darunter das ganze schöne Geschlecht) den Schritt zur Mündigkeit, außer dem daß er beschwerlich ist, auch für sehr gefährlich halte: dafür sorgen schon jene Vormünder, die die Oberaufsicht über sie gütigst auf sich genommen haben. Nachdem sie ihr Hausvieh zuerst dumm gemacht haben, und sorgfältig verhüteten, daß diese ruhigen Geschöpfe ja keinen Schritt außer dem Gängelwagen*, darin sie sie einsperreten, wagen durften; so zeigen sie ihnen nachher die Gefahr, die ihnen droht, wenn sie es versuchen allein zu gehen. Nun ist diese Gefahr zwar eben so groß nicht, denn sie würden durch einigemahl Fallen wohl endlich gehen lernen; allein ein Beispiel von der Art macht doch schüchtern, und schrekt gemeiniglich von allen ferneren Versuchen ab.

Es ist also für jeden einzelnen Menschen schwer, sich aus der ihm beinahe zur Natur gewordenen Unmündigkeit herauszuarbeiten. Er hat sie sogar lieb gewonnen, und ist vor der Hand wirklich unfähig, sich seines eigenen Verstandes zu bedienen, weil man ihn niemals den Versuch davon machen ließ. Satzungen und Formeln, diese mechanischen Werkzeuge eines vernünftigen Gebrauchs oder vielmehr Mißbrauchs seiner Naturgaben, sind die Fußschellen einer immerwährenden Unmündigkeit. Wer sie auch abwürfe, würde dennoch auch über den schmalesten Graben einen nur unsicheren Sprung thun, weil er zu dergleichen freier Bewegung nicht gewöhnt ist. Daher giebt es nur Wenige, denen es gelungen ist, durch eigene Bearbeitung ihres Geistes sich aus der Unmündigkeit heraus zu wikkeln, und dennoch einen sicheren Gang zu thun.

* von Natur aus mündig

* Vorrichtung zum Laufenlernen

1. Welche Begriffe sehen Sie als zentral an? – Markieren Sie diese.
2. Wie ist das alles heute? – Schneiden Sie aus Zeitschriften und Zeitungen Beispiele dafür aus, wie heute für uns gedacht wird, und machen Sie daraus eine Collage zum Thema „selbstverschuldete Unmündigkeit heute".

Im folgenden zeigt Kant, daß es für eine breitere Masse („Publikum") einfacher sein muß, mündig zu werden. Es werden sich nämlich, so Kant, immer einige Menschen finden, die sich aus ihrer Unmündigkeit selbst befreien und ihre Mitmenschen ermuntern und anleiten können, ihrerseits selbständiger zu werden. Dadurch entwickelt sich seiner Ansicht nach mit der Zeit eine Art Kontrollmechanismus, der verhindert, daß die aufgeklärten „Vormünder" wiederum die breite Masse unterdrücken. „Aufklärung" muß demnach als ein Bildungsprozeß verstanden werden, der letztendlich zur Mündigkeit führt:

35 Daß aber ein Publikum sich selbst aufkläre, ist eher möglich; ja es ist, wenn man ihm nur Freiheit läßt, beinahe unausbleiblich. Denn da werden sich immer einige Selbstdenkende, sogar unter den eingesetzten Vormündern des großen Haufens, finden, welche, nachdem sie das Joch der Unmündigkeit selbst abgeworfen haben, den Geist einer vernünftigen Schätzung des eigenen Werths und des Berufs jedes Menschen selbst zu denken um sich verbreiten wer-
40 den. Besonders ist hiebei, daß das Publikum, welches zuvor von ihnen unter dieses Joch gebracht worden, sie hernach selbst zwingt darunter zu bleiben, wenn es von einigen seiner Vormünder, die selbst aller Aufklärung unfähig sind, dazu aufgewiegelt worden; so schädlich ist es Vorurtheile zu pflanzen, weil sie sich zuletzt an denen selbst rächen, die, oder deren Vorgänger, ihre Urheber gewesen sind.
45 Daher kann ein Publikum nur langsam zur Aufklärung gelangen. Durch eine Revolution wird vielleicht wohl ein Abfall von persönlichen Despotism und gewinnsüchtiger oder herrschsüchtiger Bedrükkung, aber niemals wahre Reform der Denkungsart zu Stande kommen; sondern neue Vorurtheile werden, eben sowohl als die alten, zum Leitbande des gedankenlosen großen Haufens dienen.
50 Zu dieser Aufklärung aber wird nichts erfordert als Freiheit; und zwar die unschädlichste unter allem, was nur Freiheit heißen mag, nämlich die: von seiner Vernunft in allen Stükken öffentlichen Gebrauch zu machen. Nun höre ich aber von allen Seiten rufen: räsonnirt nicht! Der Offizier sagt: räsonnirt nicht, sondern exercirt! Der Finanzrath: räsonnirt nicht*, sondern bezahlt! Der Geistliche: räsonnirt nicht, sondern glaubt! […]

* denkt nicht nach

Kant geht nun der Frage nach, wodurch die Aufklärung gefördert und wodurch sie behindert wird. Eine besondere Bedeutung kommt dabei seiner Ansicht nach dem Element der „Öffentlichkeit" zu: „Der öffentliche Gebrauch seiner Vernunft muß jederzeit frei sein …" Dies gelte, so Kant, allerdings nur mit der Einschränkung, daß dadurch nicht ein übergeordnetes öffentliches Interesse gestört wird; z.B. „würde es sehr verderblich sein, wenn ein Offizier, dem von seinen Oberen etwas anbefohlen wird, im Dienste über die Zwekkmäßigkeit oder Nützlichkeit dieses Befehls laut vernünfteln wollte; er muß gehorchen." Kant tastet die öffentliche Ordnung also nicht an, wohl aber gesteht er jedem zu, außerhalb seiner gesellschaftlichen bzw. beruflichen Pflichten über seine Tätigkeit und die Obrigkeit nachzudenken.

Wenn denn nun gefragt wird: Leben wir jetzt in einem aufgeklärten Zeitalter? so ist die Ant-
55 wort: Nein, aber wohl in einem Zeitalter der Aufklärung. Daß die Menschen, wie die Sachen jetzt stehen, im Ganzen genommen, schon im Stande wären, oder darin auch nur gesetzt werden könnten, in Religionsdingen sich ihres eigenen Verstandes ohne Leitung so eines Andern sicher und gut zu bedienen, daran fehlt noch sehr viel. Allein, daß jetzt ihnen doch das Feld geöffnet wird, sich dahin frei zu bearbeiten, und die Hindernisse der allgemeinen Auf-
60 klärung, oder des Ausganges aus ihrer selbst verschuldeten Unmündigkeit, allmählig weniger werden, davon haben wir doch deutliche Anzeigen. In diesem Betracht ist dieses Zeitalter das Zeitalter der Aufklärung, oder das Jahrhundert Friederichs. […]

Damit huldigt Kant seinem Herrscher, Friedrich dem Großen. Friedrich bezeichnete sich selbst immer als „ersten Diener seines Staats" und verstand sich als aufgeklärten Herrscher. Dies darf jedoch nicht darüber hinwegtäuschen, daß er auch autoritäre und anti-

vergl. S.24 und 36 ff.

vergl. S. 13 und 36 ff.

aufklärerische Züge hatte. Im folgenden erläutert Kant, warum er sich in seinen Ausführungen vor allem auf den religiösen Bereich konzentrierte. Hierbei muß man bedenken, daß die Kirche damals einen sehr großen Einfluß hatte und in aller Regel auf der Seite des herrschenden Adels stand. Interessant ist auch, wo bei Kant die Grenzen dessen sind, was er glaubt, sich an Progressivität erlauben zu können – man betrachte dazu seine Aussagen über die Notwendigkeit der Schranken bürgerlicher Freiheit.

Ich habe den Hauptpunkt der Aufklärung, die des Ausganges der Menschen aus ihrer selbst verschuldeten Unmündigkeit, vorzüglich in Religionssachen gesetzt, weil in Ansehung der Künste und Wissenschaften unsere Beherrscher kein Interesse haben, den Vormund über ihre Unterthanen zu spielen; überdem auch jene Unmündigkeit, so wie die schädlichste, also auch die entehrendste unter allen ist. Aber die Denkungsart eines Staatsoberhaupts, der die erstere begünstigt, geht noch weiter, und sieht ein: daß selbst in Ansehung seiner Gesetzgebung es ohne Gefahr sei, seinen Unterthanen zu erlauben, von ihrer eigenen Vernunft öffentlichen Gebrauch zu machen, und ihre Gedanken über eine bessere Abfassung derselben, sogar mit einer freimüthigen Kritik der schon gegebenen, der Welt öffentlich vorzulegen; davon wir ein glänzendes Beispiel haben, wodurch noch kein Monarch demjenigen vorging, welchen wir verehren.

Aber auch nur derjenige, der, selbst aufgeklärt, sich nicht vor Schatten fürchtet, zugleich aber ein wohldisciplinirtes zahlreiches Heer zum Bürgen der öffentlichen Ruhe zur Hand hat, – kann das sagen, was ein Freistaat nicht wagen darf: räsonnirt so viel ihr wollt, und worüber ihr wollt; nur gehorcht! So zeigt sich hier ein befremdlicher nicht erwarteter Gang menschlicher Dinge; so wie auch sonst, wenn man ihn im Großen betrachtet, darin fast alles paradox ist. Ein größerer Grad bürgerlicher Freiheit scheint der Freiheit des Geistes des Volkes vortheilhaft, und setzt ihr doch unübersteigliche Schranken; ein Grad weniger von jener verschaft hingegen diesem Raum, sich nach allem seinen Vermögen auszubreiten.

Wenn denn die Natur unter dieser harten Hülle den Keim, für den sie am zärtlichsten sorgt, nämlich den Hang und Beruf zum freien Denken, ausgewikkelt hat; so wirkt dieser allmählig zurück auf die Sinnesart des Volks (wodurch dieses der Freiheit zu handeln nach und nach fähiger wird), und endlich auch sogar auf die Grundsätze der Regierung, die es ihr selbst zuträglich findet, den Menschen, der nun mehr als Maschine ist, seiner Würde gemäß zu behandeln.

Königsberg in Preußen, den 30. Septemb. 1784.
I. Kant

1. Diskutieren Sie die Stellen im Text, die Ihnen unklar sind.
2. Gehen Sie den Text dann noch einmal durch, und streichen Sie dabei diejenigen Sätze und Wörter an, die Ihnen besonders wichtig erscheinen.
3. Lesen Sie die folgenden Aussagen zu Kants Text, und entscheiden Sie, welche richtig sind und welche nicht. Begründen Sie Ihre Ansicht am Text, und berichtigen Sie die fehlerhaften Aussagen, indem Sie den entsprechenden Satz aus dem Text herausschreiben.

A AUSSAGEN ZUM INHALT DES TEXTES

- ❏ 1 Die meisten Menschen wollen aus Bequemlichkeit unmündig bleiben, obwohl sie einsehen, daß dies gefährlich ist.
- ❏ 2 Die Vormünder zeigen den Menschen die Gefahren, die ihnen drohen, wenn sie den Schritt zur Mündigkeit tun.
- ❏ 3 Es ist für den einzelnen schwierig, die Unmündigkeit zu überwinden, weil sie den meisten Menschen normal erscheint.
- ❏ 4 Am Anfang jeder sozialen Veränderung muß eine „Reform der Denkungsart" stehen.
- ❏ 5 Durch veränderte Verhältnisse ergibt sich nach einer Revolution die Reform der Denkungsart von selbst.
- ❏ 6 Die Menschen sind dabei, ihre selbstverschuldete Unmündigkeit abzulegen, und nur in religiösen Fragen sind sie noch nicht fähig, selbständig zu denken.
- ❏ 7 Nur im Bereich der Religion kann es im Interesse eines Herrschers liegen, das Volk unmündig zu halten. Künste und Wissenschaften sind diesbezüglich nicht von Interesse.
- ❏ 8 Dennoch ist der Herrscher gut beraten, wenn er dem Volk zwar erlaubt, zu denken und zu sagen, was es will, gleichzeitig aber Gehorsam verlangt, zu dessen Durchsetzung ihm notfalls ein diszipliniertes Heer zur Verfügung steht.
- ❏ 9 Dies klingt zwar paradox, ist aber notwendig, damit sich das Volk langsam an die neuerworbenen Freiheiten gewöhnt, denn mit vollständiger bürgerlicher Freiheit könnte es noch nichts anfangen.
- ❏ 10 Bürgerliche Freiheiten bedeuten ein Opfer für die Regierung.

B AUSSAGEN ZUR ABSICHT DES TEXTES

- ❏ 1 Kant ruft mit seinem Text zur Auflehnung gegen das Feudalsystem auf.
- ❏ 2 Er wendet sich vor allem an die bürgerliche Intelligenz, aus der die „Selbstdenkenden" kommen sollen, die das Volk aufklären können.
- ❏ 3 Kant spricht sich gegen den „aufgeklärten Absolutismus" aus.
- ❏ 4 Kant schwebt eine neue Form gesellschaftlichen Lebens vor, bei der die bürgerliche Intelligenz bedeutend an Einfluß gewinnt.
- ❏ 5 Mit seinem Text geht es Kant auch darum, den Einfluß des Klerus auf die Politik zurückzudrängen.

1. Formulieren Sie selbst je eine Frage und eine Aussage zum Text, mit der Sie dann gegenseitig Ihr Textverständnis überprüfen.
2. Diskutieren Sie die Aussagen zur Absicht des Textes. Welche entsprechen wohl dem Anliegen Kants mit seinem Text?
3. Wo sehen Sie fortschrittliche, wo eher konservative Tendenzen Kants? Wie sind diese vor dem Hintergrund seiner Zeit zu bewerten?

G. E. LESSING: DER BESITZER DES BOGENS

Der folgende Text vermittelt einen ersten Einblick in die ästhetische Auffassung der Aufklärung, die gekennzeichnet ist durch einen radikalen Bruch mit den Vorstellungen des Barock. Die Ästhetik der Aufklärung orientiert sich sehr stark an der Wirkung eines Kunstwerks bzw. eines literarischen Werks auf den Rezipienten (Betrachter, Leser etc.). Über diese Wirkung des Schönen, Heiteren, Traurigen usw. soll etwas „be-wirkt" werden: Der Rezipient soll etwas lernen, soll Zusammenhänge verstehen, soll aber auch Gefühle entwickeln, z.B., wie Lessing in seiner Dramaturgie fordert, „tugendhafte Fertigkeiten", also soziales Verhalten des einzelnen als Teil seiner Gesellschaft. Kunst und Dichtung verstehen sich somit als Träger von Botschaften. Dies kennzeichnet die Ästhetik in der Zeit der Aufklärung als bürgerlich, im Gegensatz zum Barock, dessen Kunstverständnis weitgehend höfisch orientiert gewesen war.

Ein Mann hatte einen trefflichen Bogen von Ebenholz, mit dem er sehr weit und sehr sicher schoß, und den er ungemein wert hielt. Einst aber, als er ihn aufmerksam betrachtete, sprach er: Ein wenig zu plump bist du doch! Alle deine Zierde ist die Glätte. Schade! – Doch dem ist abzuhelfen; fiel ihm ein. Ich will hingehen und den besten Künstler Bilder in den Bogen schnitzen lassen. – Er ging hin; und der Künstler schnitzte eine ganze Jagd auf den Bogen; und was hätte sich besser auf einen Bogen geschickt als eine Jagd?
Der Mann war voller Freuden. „Du verdienest diese Zieraten, mein lieber Bogen!" – Indem will er ihn versuchen; er spannt, und der Bogen – zerbricht.

Armbrust mit Spanner

1. Formulieren Sie in wenigen Worten die Aussageabsicht Lessings mit seiner Fabel. Wählen Sie zwei der folgenden Begriffe, die Ihnen hierzu als besonders hilfreich erscheinen:
   Funktionalität – Pracht – Genuß – Schönheit – Einfachheit – Verzierungen – Verspieltheit – Sachlichkeit – Schlankheit – Bilderreichtum – Glätte – Kunstfertigkeit
2. Leiten Sie aus diesem Text Regeln für eine Poetik der Aufklärung ab. Wie ließen sich die einzelnen Anforderungen an einen guten „Bogen" auf die Dichtkunst übertragen? – Formulieren Sie diese Regeln.

Der Hof ist nicht der Ort, Moral zu lernen

Lessings Drama „Emilia Galotti" zeigt beispielhaft das Spannungsfeld zwischen der Lebensweise des Bürgertums auf der einen und des Adels auf der anderen Seite. Das Drama zeigt unter anderem, welches Bild Lessing – und nicht nur er – vom Adel und vom Bürgertum in ihren jeweils verschiedenen Erscheinungsformen hatte und was er und andere Aufklärer an beiden sozialen Schichten kritisierten. Dennoch wollte Lessing sein Stück nicht als konkrete Darstellung bestehender Herrschaftsformen verstanden wissen, denn er verlagert erstens die Handlung an einen politisch unverfänglichen Ort in Italien, und zweitens ist auch eine genaue ständische Klassifizierung der Personen recht problematisch.

Lessing begann die Arbeit an seinem Drama „Emilia Galotti" bereits im Jahre 1757, vollendete es aber erst 1772. Die Uraufführung am 13. 3. 1772 in Braunschweig war ein großer Erfolg. Bezeichnenderweise war der Hof nicht anwesend – mit Ausnahme des Erbprinzen, der inkognito im Theater war. „Emilia Galotti" gilt als eines der wichtigsten „bürgerlichen Trauerspiele". Lessing greift darin ein oft bearbeitetes Motiv auf: die von Titus Livius in *Ab urbe condita* (Vom Ursprung der Stadt) III erzählte Legende von der Römerin Virginia, die von ihrem Vater getötet wird, weil dies der einzige Weg ist, sie vor der Willkür des Decemvirn Appius Claudius zu bewahren.

„DIE UNBEDEUTENDE SPRACHE DER GALANTERIE" – DER ADEL

(Die Szene, ein Kabinett des Prinzen◆)

Erster Auftritt

DER PRINZ, *an einem Arbeitstische, voller Briefschaften und Papiere, deren einige er durchläuft:* Klagen, nichts als Klagen! Bittschriften, nichts als Bittschriften! – Die traurigen Geschäfte; und man beneidet uns noch! – Das glaub' ich; wenn wir allen helfen könnten: dann wären wir zu beneiden. – Emilia? *(indem er noch eine von den Bittschriften aufschlägt, und nach dem unterschriebnen Namen sieht)* Eine Emilia? – Aber eine Emilia Bruneschi – nicht Galotti. Nicht Emilia Galotti! – Was will sie, diese Emilia Bruneschi? *(Er lieset)* Viel gefordert; sehr viel. –

◆ bis zum Anfang des 19. Jahrhunderts allgemein für „Fürst"

Doch sie heißt Emilia. Gewährt! *(Er unterschreibt und klingelt; worauf ein Kammerdiener hereintritt)* Es ist wohl noch keiner von den Räten in dem Vorzimmer?

DER KAMMERDIENER: Nein.

DER PRINZ: Ich habe zu früh Tag gemacht. – Der Morgen ist so schön. Ich will ausfahren. Marchese* Marinelli soll mich begleiten. Laß ihn rufen. *(Der Kammerdiener geht ab)* – Ich kann doch nicht mehr arbeiten. – Ich war so ruhig, bild' ich mir ein, so ruhig – Auf einmal muß eine arme Bruneschi, Emilia heißen: – weg ist meine Ruhe, und alles! –

DER KAMMERDIENER *(welcher wieder herein tritt)*: Nach dem Marchese ist geschickt. Und hier, ein Brief von der Gräfin Orsina.

DER PRINZ: Der Orsina? Legt ihn hin.

DER KAMMERDIENER: Ihr Läufer wartet.

DER PRINZ: Ich will die Antwort senden; wenn es einer bedarf. – Wo ist sie? In der Stadt? oder auf ihrer Villa?

DER KAMMERDIENER: Sie ist gestern in die Stadt gekommen.

DER PRINZ: Desto schlimmer – besser; wollt' ich sagen. So braucht der Läufer um so weniger zu warten. *(Der Kammerdiener geht ab.)* Meine teure Gräfin! *(bitter, indem er den Brief in die Hand nimmt:)* So gut, als gelesen! *(und ihn wieder wegwirft:)* – Nun ja; ich habe sie zu lieben geglaubt! Was glaubt man nicht alles? Kann sein, ich habe sie auch wirklich geliebt. Aber – ich habe![…]

* Markgraf; ital. Adelstitel, im Rang zwischen Graf und Herzog

Nun tritt der Maler Conti auf und bringt neben einem Bild der früheren Geliebten des Prinzen, der Gräfin Orsina, ein Porträt von Emilia Galotti mit. Dabei wird deutlich, wie sehr der Prinz in sie vernarrt ist. Dann kommt Marinelli, der intrigante, korrupte Kammerherr und Vertraute des Prinzen, und dieser teilt ihm mit, daß er die Beziehung zur Gräfin beendet habe.

Sechster Auftritt

DER PRINZ: […] – Von etwas anderm! – Geht denn gar nichts vor, in der Stadt? –

MARINELLI: So gut, wie gar nichts. – Denn daß die Verbindung des Grafen Appiani heute vollzogen wird, – ist nicht viel mehr, als gar nichts.

DER PRINZ: Des Grafen Appiani? und mit wem denn? – Ich soll ja noch hören, daß er versprochen ist.

MARINELLI: Die Sache ist sehr geheim gehalten worden. Auch war nicht viel Aufhebens davon zu machen. – Sie werden lachen, Prinz. – Aber so geht es den Empfindsamen! Die Liebe spielet ihnen immer die schlimmsten Streiche. Ein Mädchen ohne Vermögen und ohne Rang, hat ihn in ihre Schlinge zu ziehen gewußt, – mit ein wenig Larve♦: aber mit vielem Prunke von Tugend und Gefühl und Witz♦, – und was weiß ich?

♦ hier Gesicht (im verächtlichen Sinne)
♦ bis zum 19. Jh. im Sinne von „Geist", „Denkvermögen"

DER PRINZ: Wer sich den Eindrücken, die Unschuld und Schönheit auf ihn machen, ohne weitere Rücksicht, so ganz überlassen darf; ich dächte, der wär' eher zu beneiden, als zu belachen. – Und wie heißt denn die Glückliche? – Denn bei alle dem ist Appiani – ich weiß wohl, daß Sie, Marinelli, ihn nicht leiden können; eben so wenig als er Sie – bei alle dem ist er doch ein sehr würdiger junger Mann, ein schöner Mann, ein reicher Mann, ein Mann voller Ehre. Ich hätte sehr gewünscht, ihn mir verbinden zu können. Ich werde noch darauf denken.

MARINELLI: Wenn es nicht zu spät ist. – Denn so viel ich höre, ist sein Plan gar nicht, bei Hofe sein Glück zu machen. – Er will mit seiner Gebieterin nach seinen Tälern von Piemont: – Gemsen zu jagen, auf den Alpen; und Murmeltiere abzurichten. – Was kann er Beßres tun? Hier ist es durch das Mißbündnis, welches er trifft, mit ihm doch aus. Der Zirkel* der ersten Häuser* ist ihm von nun an verschlossen – –

* Kreis
* Familien

DER PRINZ: Mit euern ersten Häusern! – in welchen das Zeremoniell, der Zwang, die Langeweile, und nicht selten die Dürftigkeit herrschet – Aber so nennen Sie mir sie doch, der er dieses so große Opfer bringt.

MARINELLI: Es ist eine gewisse Emilia Galotti.

DER PRINZ: Wie, Marinelli? eine gewisse –
MARINELLI: Emilia Galotti.
DER PRINZ: Emilia Galotti? – Nimmermehr!
MARINELLI: Zuverlässig, gnädiger Herr.
DER PRINZ: Nein, sag ich; das ist nicht, das kann nicht sein. – Sie irren sich in dem Namen. – Das Geschlecht der Galotti ist groß. – Eine Galotti kann es sein: aber nicht Emilia Galotti; nicht Emilia!
MARINELLI: Emilia – Emilia Galotti!
DER PRINZ: So gibt es noch eine, die beide Namen führt. – Sie sagten ohnedem, eine gewisse Emilia Galotti – eine gewisse. Von der rechten könnte nur ein Narr so sprechen –
MARINELLI: Sie sind außer sich, gnädiger Herr. – Kennen Sie denn diese Emilia?
DER PRINZ: Ich habe zu fragen, Marinelli, nicht Er♦. – Emilia Galotti? Die Tochter des Obersten Galotti, bei Sabionetta?
MARINELLI: Eben die.
DER PRINZ: Die hier in Guastalla♦ mit ihrer Mutter wohnt?
MARINELLI: Eben die.
DER PRINZ: Unfern der Kirche Allerheiligen?
MARINELLI: Eben die.
DER PRINZ: Mit einem Worte – *(indem er nach dem Porträte springt und es dem Marinelli in die Hand gibt)* Da! – Diese? Diese Emilia Galotti? – Sprich dein verdammtes „Eben die" noch einmal, und stoß mir den Dolch ins Herz!
MARINELLI: Eben die.
DER PRINZ: Henker! – Diese? – Diese Emilia Galotti wird heute – –
MARINELLI: Gräfin Appiani! – *(Hier reißt der Prinz dem Marinelli das Bild wieder aus der Hand, und wirft es bei Seite.)* Die Trauung geschieht in der Stille, auf dem Landgute des Vaters bei Sabionetta. Gegen Mittag fahren Mutter und Tochter, der Graf und vielleicht ein paar Freunde dahin ab.
DER PRINZ *(der sich voll Verzweiflung in einen Stuhl wirft)*: So bin ich verloren! – So will ich nicht leben!
MARINELLI: Aber was ist Ihnen, gnädiger Herr?
DER PRINZ *(der gegen ihn wieder aufspringt)*: Verräter! – was mir ist? Nun ja ich liebe sie; ich bete sie an. Mögt ihr es doch wissen! mögt ihr es doch längst gewußt haben, alle ihr, denen ich der tollen Orsina schimpfliche Fesseln lieber ewig tragen sollte! – Nur daß Sie, Marinelli, der Sie so oft mich Ihrer innigsten Freundschaft versicherten – O ein Fürst hat keinen Freund! kann keinen Freund haben! – daß Sie, Sie, so treulos, so hämisch mir bis auf diesen Augenblick die Gefahr verhöhlen dürfen, die meiner Liebe drohte: wenn ich Ihnen jemals das vergebe, – so werde mir meiner Sünden keine vergeben!
MARINELLI: Ich weiß kaum Worte zu finden, Prinz, – wenn Sie mich auch dazu kommen ließen – Ihnen mein Erstaunen zu bezeigen. – Sie lieben Emilia Galotti? – Schwur dann gegen Schwur: Wenn ich von dieser Liebe das geringste gewußt, das geringste vermutet habe; so möge weder Engel noch Heiliger von mir wissen! – Eben das wollt' ich in die Seele der* Orsina schwören. Ihr Verdacht schweift auf einer ganz andern Fährte.
DER PRINZ: So verzeihen Sie mir, Marinelli; – *(indem er sich ihm in die Arme wirft)* und betauern Sie mich.
MARINELLI: Nun da, Prinz! Erkennen Sie da die Frucht Ihrer Zurückhaltung! – „Fürsten haben keinen Freund! können keinen Freund haben!" – Und die Ursache, wenn dem so ist? – Weil sie keinen haben wollen. – Heute beehren sie uns mit ihrem Vertrauen, teilen uns ihre geheimsten Wünsche mit, schließen uns ihre ganze Seele auf: und morgen sind wir ihnen wieder so fremd, als hätten sie nie ein Wort mit uns gewechselt.
DER PRINZ: Ach! Marinelli, wie konnt' ich Ihnen vertrauen, was ich mir selbst kaum gestehen wollte?
MARINELLI: Und also wohl noch weniger der Urheberin Ihrer Qual gestanden haben?

♦ Nach dem Aufkommen des „Sie" wird diese indirekte Anredeform für Personen niedrigeren Standes verwendet.

♦ Ort nördlich von Parma

* anstelle der –

DER PRINZ: Ihr? – Alle meine Mühe ist vergebens gewesen, sie ein zweitesmal zu sprechen. –

MARINELLI: Und das erstemal –

DER PRINZ: Sprach ich sie – O, ich komme von Sinnen! Und ich soll Ihnen noch lange erzählen? – Sie sehen mich einen Raub der Wellen: was fragen Sie viel, wie ich es geworden? Retten Sie mich, wenn Sie können: und fragen Sie dann.

MARINELLI: Retten? ist da viel zu retten? – Was Sie versäumt haben, gnädiger Herr, der Emilia Galotti zu bekennen, das bekennen Sie nun der Gräfin Appiani. Waren, die man aus der ersten Hand nicht haben kann, kauft man aus der zweiten: – und solche Waren nicht selten aus der zweiten um so viel wohlfeiler.

DER PRINZ: Ernsthaft, Marinelli, ernsthaft, oder –

MARINELLI: Freilich, auch um so viel schlechter – –

DER PRINZ: Sie werden unverschämt!

MARINELLI: Und dazu will der Graf damit aus dem Lande. – Ja, so müßte man auf etwas anders denken.

DER PRINZ: Und auf was? – Liebster, bester Marinelli, denken Sie für mich. Was würden Sie tun, wenn Sie an meiner Stelle wären?

MARINELLI: Vor allen Dingen, eine Kleinigkeit als eine Kleinigkeit ansehen; – und mir sagen, daß ich nicht vergebens sein wolle, was ich bin – Herr!

DER PRINZ: Schmeicheln Sie mir nicht mit einer Gewalt, von der ich hier keinen Gebrauch absehe. – Heute sagen Sie? schon heute?

MARINELLI: Erst heute – soll es geschehen. Und nur geschehenen Dingen ist nicht zu raten. – *(Nach einer kurzen Überlegung:)* Wollen Sie mir freie Hand lassen, Prinz? Wollen Sie alles genehmigen, was ich tue?

DER PRINZ: Alles, Marinelli, alles, was diesen Streich abwenden kann.

MARINELLI: So lassen Sie uns keine Zeit verlieren. – Aber bleiben Sie nicht in der Stadt. Fahren Sie sogleich nach Ihrem Lustschlosse, nach Dosalo. Der Weg nach Sabionetta geht da vorbei. Wenn es mir nicht gelingt, den Grafen augenblicklich zu entfernen: so denk' ich – Doch, doch; ich glaube, er geht in diese Falle gewiß. Sie wollen ja, Prinz, wegen Ihrer Vermählung einen Gesandten nach Massa schicken? Lassen Sie den Grafen dieser Gesandte sein; mit dem Bedinge, daß er noch heute abreiset. – Verstehen Sie?

DER PRINZ: Vortrefflich! – Bringen Sie ihn zu mir heraus. Gehen Sie, eilen Sie. Ich werfe mich sogleich in den Wagen. *(Marinelli geht ab.)*

Siebenter Auftritt

DER PRINZ: Sogleich! sogleich! – Wo blieb es? – *(Sich nach dem Porträte umsehend:)* Auf der Erde? das war zu arg! *(Indem er es aufhebt:)* Doch betrachten? betrachten mag ich dich fürs erste nicht mehr. – Warum sollt' ich mir den Pfeil noch tiefer in die Wunde drücken? *(Setzt es bei Seite.)* – Geschmachtet, geseufzet hab' ich lange genung, – länger als ich gesollt hätte: aber nichts getan! und über die zärtliche Untätigkeit bei einem Haar' alles verloren! – Und wenn nun doch alles verloren wäre? Wenn Marinelli nichts ausrichtete? – Warum will ich mich auch auf ihn allein verlassen? Es fällt mir ein, – um diese Stunde, *(nach der Uhr sehend:)* um diese nämliche Stunde pflegt das fromme Mädchen alle Morgen bei den Dominikanern die Messe zu hören. – Wie wenn ich sie da zu sprechen suchte? – Doch heute, heut' an ihrem Hochzeittage, – heute werden ihr andere Dinge am Herzen liegen, als die Messe. – Indes, wer weiß? – Es ist ein Gang. – *(Er klingelt, und indem er einige von den Papieren auf dem Tische hastig zusammen rafft, tritt der Kammerdiener herein.)* Laßt vorfahren! – Ist noch keiner von den Räten da?

DER KAMMERDIENER: Camillo Rota.

DER PRINZ: Er soll herein kommen. *(Der Kammerdiener geht ab.)* Nur aufhalten muß er mich nicht wollen. Dasmal nicht! – Ich stehe gern seinen Bedenklichkeiten ein andermal um so viel länger zu Diensten. – Da war ja noch die Bittschrift einer Emilia Bruneschi – *(Sie suchend:)* Die ists. – Aber, gute Bruneschi, wo deine Vorsprecherin – –

Achter Auftritt

CAMILLO ROTA, *Schriften in der Hand*. DER PRINZ

DER PRINZ: Kommen Sie, Rota, kommen Sie. – Hier ist, was ich diesen Morgen erbrochen◆. Nicht viel Tröstliches! – Sie werden von selbst sehen, was darauf zu verfügen. – Nehmen Sie nur.

◆ Gemeint sind die Siegel der angekommenen Briefe.

5 CAMILLO ROTA: Gut, gnädiger Herr.

DER PRINZ: Noch ist hier eine Bittschrift einer Emilia Galot – – Bruneschi will ich sagen. – Ich habe meine Bewilligung zwar schon beigeschrieben. Aber doch – die Sache ist keine Kleinigkeit – Lassen Sie die Ausfertigung noch anstehen. – Oder auch nicht anstehen: wie Sie wollen.

10 CAMILLO ROTA: Nicht wie ich will, gnädiger Herr.

DER PRINZ: Was ist sonst? Etwas zu unterschreiben?

CAMILLO ROTA: Ein Todesurteil wäre zu unterschreiben.

DER PRINZ: Recht gern. – Nur her! geschwind.

CAMILLO ROTA *(stutzig und den Prinzen starr ansehend)*: Ein Todesurteil, sagt' ich.

15 DER PRINZ: Ich höre ja wohl. – Es könnte schon geschehen sein. Ich bin eilig.

CAMILLO ROTA *(seine Schriften nachsehend)*: Nun hab' ich es doch wohl nicht mitgenommen! – – Verzeihen Sie, gnädiger Herr. – Es kann Anstand damit haben bis morgen.

DER PRINZ: Auch das! – Packen Sie nur zusammen: ich muß fort – Morgen, Rota, ein mehres! *(Geht ab.)*

20 CAMILLO ROTA *(den Kopf schüttelnd, indem er die Papiere zu sich nimmt und abgeht)*: Recht gern? – Ein Todesurteil recht gern? – Ich hätt' es ihn in diesem Augenblicke nicht mögen unterschreiben lassen, und wenn es den Mörder meines einzigen Sohnes betroffen hätte. – Recht gern! recht gern! – Es geht mir durch die Seele, dieses gräßliche Recht gern!

---

1. Markieren Sie die Aussagen des Textes zur Vorgeschichte sowie zur Andeutung des Konflikts und der weiteren Handlung.
2. Wie werden Emilia und Appiani beschrieben? – Vergleichen und erklären Sie die Unterschiede in der Darstellung durch Marinelli und durch den Prinzen.
3. Wählen Sie unter folgenden Adjektiven drei aus, die Ihrer Meinung nach den Prinzen besonders gut charakterisieren:

   labil – anmaßend – egozentrisch – gutmütig – oberflächlich – romantisch – schwach – souverän – naiv – verwöhnt – egoistisch – melancholisch – großzügig – sentimental – hinterlistig

4. Stellen Sie graphisch dar, wer in I,6 der jeweils Überlegene ist. Zeichnen Sie dazu zwei sich evtl. kreuzende Linien. Belegen Sie Ihre Aussagen am Text.

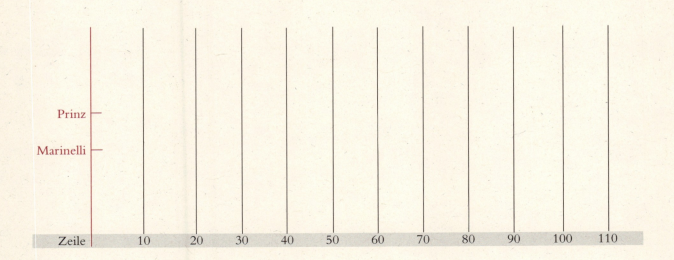

5. Wie stellt Lessing die Moralvorstellungen und das Wertesystem des Hofes dar? – Suchen Sie passende Belegstellen. Welche Funktion könnte in diesem Zusammenhang Camillo Rota haben?
6. In seinem „Fürstenspiegel" gibt Friedrich II., König von Preußen, seinem Neffen, dem sechzehnjährigen Herzog Karl Eugen von Württemberg, Ratschläge, wie ein guter Monarch sich zu verhalten habe. Vergleichen Sie diese Ratschläge mit der Situation am Hof von Guastalla.

Aus dem *Fürstenspiegel* Friedrichs II.:

Es ist gewiß, daß jedermann die Augen auf das erste Hervortreten eines Mannes richtet, der ein hohes Amt auf sich nimmt; und gemeiniglich bestimmen gerade die ersten Handlungen das Urteil der Öffentlichkeit. Legen Sie zuvörderst den Grund zu allgemeiner Achtung, so werden Sie das Vertrauen der Öffentlichkeit gewinnen, wonach meines Erachtens ein Fürst vor allem trachten sollte.

Überall werden Sie Personen finden, die Ihnen schmeicheln und nur beflissen sind, Ihr Vertrauen zu erwerben, um Ihre Gunst zu mißbrauchen und Sie selbst zu beherrschen. […]

Sie werden fragen: was soll ich dagegen tun? Sie müssen sich mit allen Finanzangelegenheiten vertraut machen, einen Sekretär aussuchen, der als kleiner oder mittlerer Beamter in dem Fach gearbeitet hat, und müssen ihm gute Belohnung dafür versprechen, daß er Sie in allem, was Sie berührt, unterweise. Die Finanzen sind der Nerv des Landes; wissen Sie darüber genau Bescheid, so werden Sie mit dem übrigen jederzeit fertig werden. […]

Seien Sie fest in Ihren Entschließungen! Erwägen Sie zuvor das Für und Wider; sobald Sie aber Ihren Willen einmal kundgegeben haben, ändern Sie um alles in der Welt nichts mehr daran! Sonst wird ein jeder Ihrer Autorität spotten, und Sie würden für einen Mann gehalten werden, auf den man nicht bauen kann. […]

Denken Sie nur nicht, das Land Württemberg sei für Sie geschaffen worden! Glauben Sie vielmehr, daß die Vorsehung Sie zur Welt kommen ließ, damit Sie dies Volk glücklich machen. Legen Sie stets mehr Wert auf dessen Wohlfahrt als auf Ihre Zerstreuungen. Wenn Sie, in Ihrem zarten Alter, Ihre Wünsche dem Wohl Ihrer Untertanen aufzuopfern vermögen, so werden Sie nicht nur die Freude, Sie werden auch die Bewunderung der Welt erregen.

„MIT VIELEM PRUNKE VON TUGEND UND GEFÜHL" – DAS BÜRGERTUM

Im zweiten Akt treten zunächst Claudia und Odoardo, die Eltern Emilias, auf, und der Zuschauer erfährt, daß Emilia in der Kirche ist, und zwar allein, was ihrem Vater sehr mißfällt. Im Anschluß daran erfährt man aus einem Gespräch zwischen zwei Bediensteten, daß ein Überfall auf die Hochzeitsgesellschaft geplant ist.

Vierter Auftritt

ODOARDO UND CLAUDIA GALOTTI. PIRRO.

ODOARDO: Sie bleibt mir zu lang' aus –

CLAUDIA: Noch einen Augenblick, Odoardo! Es würde sie schmerzen, deines Anblicks so zu verfehlen.

5 ODOARDO: Ich muß auch bei dem Grafen noch einsprechen. Kaum kann ichs erwarten, diesen würdigen jungen Mann meinen Sohn zu nennen. Alles entzückt mich an ihm. Und vor allem der Entschluß, in seinen väterlichen Tälern sich selbst zu leben.

CLAUDIA: Das Herz bricht mir, wenn ich hieran gedenke. – So ganz sollen wir sie verlieren, diese einzige geliebte Tochter?

10 ODOARDO: Was nennst du, sie verlieren? Sie in den Armen der Liebe zu wissen? Vermenge dein Vergnügen an ihr nicht mit ihrem Glücke. – Du möchtest meinen alten Argwohn erneuern: – daß es mehr das Geräusch und die Zerstreuung der Welt, mehr die Nähe des Hofes war, als die Notwendigkeit, unserer Tochter eine anständige Erziehung zu geben, was dich bewog, hier in der Stadt mit ihr zu bleiben; – fern von einem Manne und Vater, der

15 euch so herzlich liebet.

CLAUDIA: Wie ungerecht, Odoardo! Aber laß mich heute nur ein einziges für diese Stadt, für diese Nähe des Hofes sprechen, die deiner strengen Tugend so verhaßt sind. – Hier, nur hier konnte die Liebe zusammen bringen, was für einander geschaffen war. Hier nur konnte der Graf Emilien finden; und fand sie.

20 ODOARDO: Das räum' ich ein. Aber, gute Claudia, hattest du darum Recht, weil dir der Ausgang Recht gibt? – Gut, daß es mit dieser Stadterziehung so abgelaufen! Laßt uns nicht weise sein wollen, wo wir nichts, als glücklich gewesen! Gut, daß es so damit abgelaufen! – Nun haben sie sich gefunden, die für einander bestimmt waren: nun laß sie ziehen, wohin Unschuld und Ruhe sie rufen. – Was sollte der Graf hier? Sich bücken, schmeicheln und

25 kriechen, und die Marinellis auszustechen suchen? um endlich ein Glück zu machen, dessen er nicht bedarf? um endlich einer Ehre gewürdiget zu werden, die für ihn keine wäre? – Pirro!

PIRRO: Hier bin ich.

Odoardo: Geh und führe mein Pferd vor das Haus des Grafen. Ich komme nach, und will

30 mich da wieder aufsetzen. *(Pirro geht.)* – Warum soll der Graf hier dienen, wenn er dort selbst befehlen kann? – Dazu bedenkst du nicht, Claudia, daß durch unsere Tochter er es vollends mit dem Prinzen verderbt. Der Prinz haßt mich –

CLAUDIA: Vielleicht weniger, als du besorgest.

ODOARDO: Besorgest! Ich besorg' auch so was!*

35 CLAUDIA: Denn hab' ich dir schon gesagt, daß der Prinz unsere Tochter gesehen hat?

ODOARDO: Der Prinz? Und wo das?

CLAUDIA: In der letzten Vegghia, bei dem Kanzler Grimaldi, die er mit seiner Gegenwart beehrte. Er bezeigte sich gegen sie so gnädig – –

ODOARDO: So gnädig?

40 CLAUDIA: Er unterhielt sich mit ihr so lange – –

ODOARDO: Unterhielt sich mit ihr?

CLAUDIA: Schien von ihrer Munterkeit und ihrem Witze so bezaubert – –

ODOARDO: So bezaubert? –

*Als ob ich mich vor so etwas fürchtete.

CLAUDIA: Hat von ihrer Schönheit mit so vielen Lobeserhebungen gesprochen – –
ODOARDO: Lobeserhebungen? Und das alles erzählst du mir in einem Tone der Entzückung? O Claudia! eitle, törichte Mutter!
CLAUDIA: Wie so?
ODOARDO: Nun gut, nun gut! Auch das ist so abgelaufen. – Ha! wenn ich mir einbilde – Das gerade wäre der Ort, wo ich am tödlichsten zu verwunden bin! – Ein Wollüstling, der bewundert, begehrt. – Claudia! Claudia! der bloße Gedanke setzt mich in Wut. – Du hättest mir das sogleich sollen gemeldet haben. – Doch, ich möchte dir heute nicht gern etwas Unangenehmes sagen. Und ich würde, *(indem sie ihn bei der Hand ergreift)* wenn ich länger bliebe. – Drum laß mich! laß mich! – Gott befohlen, Claudia! – Kommt glücklich nach!

Fünfter Auftritt

* sofern

CLAUDIA GALOTTI: Welch ein Mann! – O, der rauhen Tugend! – wenn anders* sie diesen Namen verdienet. – Alles scheint ihr verdächtig, alles strafbar! – Oder, wenn das die Menschen kennen heißt: wer sollte sich wünschen, sie zu kennen? – Wo bleibt aber auch Emilia? – Er ist des Vaters Feind: folglich – folglich, wenn er ein Auge für die Tochter hat, so ist es einzig, um ihn zu beschimpfen? –

1. Wie würden Sie als Regisseur/in des Stückes die Rollen der Claudia und des Odoardo besetzen?
2. Wie bewegen sich die Personen in diesem Akt auf der Bühne? – Schreiben Sie Regieanweisungen.
3. Formulieren Sie das „Unangenehme", das Odoardo Claudia sagen würde, wenn er „länger bliebe".
4. Wie stehen Claudia und Odoardo jeweils zum Adel?
5. Untersuchen Sie, welche der folgenden Sprechakte♦ in der Szene vorkommen, und begründen Sie Ihre Ansicht am Text:
appellieren, unterstellen, vorwerfen, zurechtweisen, befehlen, belehren, kritisieren, schmeicheln, trösten, beschwichtigen, rechtfertigen
6. Geben Sie den Inhalt der beiden folgenden Texte in eigenen Worten wieder, und stellen Sie Bezüge her zu der Szene II,4:

♦ Sprechen kann man als eine Art des Handelns verstehen, denn wenn man sich sprachlich äußert, „tut" man etwas: Man fragt, stimmt zu, verspricht, weigert sich, bittet, verhört, rät, warnt, ermuntert, gesteht, verheimlicht, spiegelt vor etc.

J. G. Krünitz
Der Hausvater* (1781)

Der Natur der Sache nach muß aber zuvörderst ein jeder Hausvater hinlänglich Gewalt haben, sein Weib und Kinder zum Fleiß, zur Ordnung und zur Sparsamkeit anzuhalten. Dieses sind die drei Haupteigenschaften eines wohl eingerichteten Hauswesens, und ohne dieselben muß der allerfleißigste Hauswirth zu Grunde gehen. […] Hiernächst muß der Hausvater vollkommen Gewalt haben, Tugend und gute Sitten in seinem Hause zu pflanzen und zu erhalten. Es liegt dem Staate an der Güte der Sitten überaus viel, weil das Verderben der Sitten das Verderben des Staates selbst ausmacht. Dieses ist die innere Fäulnis und der Grund des Verderbens, welcher fast alle europäischen Staaten angesteckt hat; und die ermangelnde hinlängliche Gewalt des Hausvaters ist die Hauptursache dieses Verderbens. Denn wenn der Hausvater hierin nicht hinlängliche Gewalt hat, so ist es gar nicht möglich, die Güte der Sitten aufrecht zu halten. Vielleicht mangelt es den Hausvätern hierin nicht an Gewalt über die Kinder; es fehlt ihnen aber an hinlänglicher Gewalt über ihre Weiber; und das Beispiel der verderbten Sitten der Weiber hat nur allzu viel Einfluß auf die Sitten der Töchter. Wenn eine Frau anfängt, auf Ausschweifungen zu verfallen, so hat ein Mann wenig Mittel, sie abzuhalten, außer mit ihr zu prozessieren. […]

E. Fuchs
Über das Bürgertum zur Zeit der Aufklärung* (1910)

Die Wesenheit der Philistermoral erscheint einem aber um so verächtlicher, sowie man erwägt, daß, wenn auch die Männer dieser Klassen langsam zum Selbstbewußtsein erwachten, ihre Weiber doch ausnahmslos in Fürstenfürchtigkeit erstarben. Gewiß, sie waren fast alle sehr ehrbar in ihrer Weise […] aber kaum eine konnte dem heimlichen Gelüste widerstehen, ihr bürgerliches Fleisch eines Tages mit adeligem Blute verkuppelt zu sehen. Diese Sehnsucht war der verführerische Tagtraum, der unzählige Frauen dieser Klassen ihr ganzes Leben hindurch verfolgte. Wo er sich erfüllte, schimpften gewiß alle über das räudige Schaf, aber schließlich nur aus heimlichem Neid […]. Diese Zwiespältigkeit der kleinbürgerlichen Moral ist gewiß kein persönliches Verschulden, sondern ein historisches Geschick, das um so begreiflicher ist, weil eine solche Verkupplung mit adeligem Blute meistens die einzig mögliche Befreiung aus der entsetzlichen Enge und Notdurft des Lebens bedeutete […].

Sechster Auftritt
EMILIA UND CLAUDIA GALOTTI

EMILIA *(stürzet in einer ängstlichen Verwirrung herein)*: Wohl mir! wohl mir! Nun bin ich in Sicherheit. Oder ist er mir gar gefolgt? *(Indem sie den Schleier zurück wirft und ihre Mutter erblicket:)* Ist er, meine Mutter? ist er? – Nein, dem Himmel sei Dank!

CLAUDIA: Was ist dir, meine Tochter? was ist dir?

EMILIA: Nichts, nichts –

CLAUDIA: Und blickest so wild um dich? Und zitterst an jedem Gliede?

EMILIA: Was hab' ich hören müssen? Und wo, wo hab' ich es hören müssen?

CLAUDIA: Ich habe dich in der Kirche geglaubt –

EMILIA: Eben da! Was ist dem Laster Kirch' und Altar? – Ah, meine Mutter! *(sich ihr in die Arme werfend)*

CLAUDIA: Rede, meine Tochter! – Mach' meiner Furcht ein Ende. – Was kann dir da, an heiliger Stätte, so Schlimmes begegnet sein?

EMILIA: Nie hätte meine Andacht inniger, brünstiger* sein sollen, als heute: nie ist sie weniger gewesen, was sie sein sollte.

*inbrünstiger

CLAUDIA: Wir sind Menschen, Emilia. Die Gabe zu beten ist nicht immer in unserer Gewalt. Dem Himmel ist beten wollen, auch beten.

EMILIA: Und sündigen wollen, auch sündigen.

CLAUDIA: Das hat meine Emilia nicht wollen!

EMILIA: Nein, meine Mutter; so tief ließ mich die Gnade nicht sinken. – Aber daß fremdes Laster uns, wider unsern Willen, zu Mitschuldigen machen kann!

CLAUDIA: Fasse dich! – Sammle deine Gedanken, so viel dir möglich. – Sag' es mir mit eins, was dir geschehen.

EMILIA: Eben hatt' ich mich – weiter von dem Altare, als ich sonst pflege, – denn ich kam zu spät – auf meine Knie gelassen. Eben fing ich an, mein Herz zu erheben: als dicht hinter mir etwas seinen Platz nahm. So dicht hinter mir! – Ich konnte weder vor, noch zur Seite rücken, – so gern ich auch wollte; aus Furcht, daß eines andern Andacht mich in meiner stören möchte. – Andacht! das war das Schlimmste, was ich besorgte. – Aber es währte nicht lange, so hört' ich, ganz nah' an meinem Ohre, – nach einem tiefen Seufzer, – nicht den Namen einer Heiligen, – den Namen, – zürnen Sie nicht, meine Mutter – den Namen Ihrer Tochter! – Meinen Namen! – O daß laute Donner mich verhindert hätten, mehr zu hören! – Es sprach von Schönheit, von Liebe – Es klagte, daß dieser Tag, welcher mein Glück mache, – wenn er es anders mache – sein Unglück auf immer entscheide. – Es beschwor mich – hören mußt' ich dies alles. Aber ich blickte nicht um; ich wollte tun, als ob ich es nicht hörte. – Was konnt' ich sonst? – Meinen guten Engel bitten, mich mit Taubheit zu schlagen; und wann auch, wann auch auf immer! – Das bat ich; das war das einzige, was ich beten konnte. – Endlich ward es Zeit, mich wieder zu erheben. Das heilige Amt ging zu Ende. Ich zitterte, mich umzukehren. Ich zitterte, ihn zu erblicken, der sich den Frevel erlauben dürfen. Und da ich mich umwandte, da ich ihn erblickte –

CLAUDIA: Wen, meine Tochter?

EMILIA: Raten Sie, meine Mutter; raten Sie – Ich glaubte in die Erde zu sinken – Ihn selbst.

CLAUDIA: Wen, ihn selbst?

EMILIA: Den Prinzen.

CLAUDIA: Den Prinzen! – O gesegnet sei die Ungeduld deines Vaters, der eben hier war, und dich nicht erwarten wollte!

EMILIA: Mein Vater hier? – und wollte mich nicht erwarten?

CLAUDIA: Wenn du in deiner Verwirrung auch ihn das hättest hören lassen!

EMILIA: Nun, meine Mutter? – Was hätt' er an mir Strafbares finden können?

CLAUDIA: Nichts; eben so wenig, als an mir. Und doch, doch – Ha, du kennst deinen Vater nicht! In seinem Zorne hätt' er den unschuldigen Gegenstand des Verbrechens mit dem Verbrecher verwechselt. In seiner Wut hätt' ich ihm geschienen, das veranlaßt zu haben, was ich weder verhindern, noch vorhersehen können. – Aber weiter, meine Tochter, weiter! Als du den Prinzen erkanntest – Ich will hoffen, daß du deiner mächtig genug warest, ihm in einem Blicke alle die Verachtung zu bezeigen, die er verdienet.

EMILIA: Das war ich nicht, meine Mutter! Nach dem Blicke, mit dem ich ihn erkannte, hatt' ich nicht das Herz, einen zweiten auf ihn zu richten. Ich floh' –

CLAUDIA: Und der Prinz dir nach –

EMILIA: Was ich nicht wußte, bis ich in der Halle* mich bei der Hand ergriffen fühlte. Und von ihm! Aus Scham mußt' ich Stand halten*: mich von ihm loszuwinden, würde die Vorbeigehenden zu aufmerksam auf uns gemacht haben. Das war die einzige Überlegung, deren ich fähig war – oder deren ich nun mich wieder erinnere. Er sprach; und ich hab' ihm geantwortet. Aber was er sprach, was ich ihm geantwortet; – fällt mir es noch bei, so ist es gut, so will ich es Ihnen sagen, meine Mutter. Itzt weiß ich von dem allen nichts. Meine Sinne hatten mich verlassen. – Umsonst denk' ich nach, wie ich von ihm weg, und aus der Halle gekommen. Ich finde mich erst auf der Straße wieder; und höre ihn hinter mir herkommen; und höre ihn mit mir zugleich in das Haus treten, mit mir die Treppe hinauf steigen – –

CLAUDIA: Die Furcht hat ihren besondern Sinn, meine Tochter! – Ich werde es nie vergessen, mit welcher Gebärde du hereinstürztest. – Nein, so weit durfte er nicht wagen, dir zu folgen. – Gott! Gott! wenn dein Vater das wüßte! – Wie wild er schon war, als er nur hörte, daß der Prinz dich jüngst nicht ohne Mißfallen♦ gesehen! – Indes, sei ruhig, meine Tochter! Nimm es für einen Traum, was dir begegnet ist. Auch wird es noch weniger Folgen haben, als ein Traum. Du entgehest heute mit eins allen Nachstellungen.

EMILIA: Aber nicht, meine Mutter? Der Graf muß das wissen. Ihm muß ich es sagen.

CLAUDIA: Um alle Welt nicht! – Wozu? warum? Willst du für nichts, und wieder für nichts ihn unruhig machen? Und wann er es auch itzt nicht würde: wisse, mein Kind, daß ein Gift, welches nicht gleich wirket, darum kein minder gefährliches Gift ist. Was auf den Liebhaber keinen Eindruck macht, kann ihn auf den Gemahl machen. Den Liebhaber könnt' es sogar schmeicheln, einem so wichtigen Mitbewerber den Rang abzulaufen. Aber wenn er ihm den nun einmal abgelaufen hat: ah, mein Kind, – so wird aus dem Liebhaber oft ein ganz anderes Geschöpf. Dein gutes Gestirn behüte dich vor dieser Erfahrung.

EMILIA: Sie wissen, meine Mutter, wie gern ich Ihren bessern Einsichten mich in allem unterwerfe. – Aber, wenn er es von einem andern erführe, daß der Prinz mich heute gesprochen? Würde mein Verschweigen nicht, früh oder spät, seine Unruhe vermehren? – Ich dächte doch, ich behielte lieber vor ihm nichts auf dem Herzen.

---

* Vorhalle der Kirche
* stehenbleiben
♦ gemeint ist: „mit Wohlgefallen"

CLAUDIA: Schwachheit! verliebte Schwachheit! – Nein, durchaus nicht, meine Tochter! Sag' ihm nichts. Laß ihn nichts merken!

EMILIA: Nun ja, meine Mutter! Ich habe keinen Willen gegen den Ihrigen. – Aha! *(Mit einem tiefen Atemzuge:)* Auch wird mir wieder ganz leicht. – Was für ein albernes, furchtsames Ding ich bin! – Nicht, meine Mutter? – Ich hätte mich noch wohl anders dabei nehmen* können, und würde mir eben so wenig vergeben haben.*

* benehmen
* meine Ehre verletzt

CLAUDIA: Ich wollte dir das nicht sagen, meine Tochter, bevor dir es dein eigner gesunder Verstand sagte. Und ich wußte, er würde dir es sagen, sobald du wieder zu dir selbst gekommen. – Der Prinz ist galant. Du bist die unbedeutende Sprache der Galanterie* zu wenig gewohnt. Eine Höflichkeit wird in ihr zur Empfindung; eine Schmeichelei zur Beteuerung; ein Einfall zum Wunsche; ein Wunsch zum Vorsatze. Nichts klingt in dieser Sprache wie alles: und alles ist in ihr so viel als nichts.

* höfische Schmeicheleien, höfliche Umgangsformen

EMILIA: O meine Mutter! – so müßte ich mir mit meiner Furcht vollends lächerlich vorkommen! – Nun soll er gewiß nichts davon erfahren, mein guter Appiani! Er könnte mich leicht für mehr eitel, als tugendhaft, halten. – Hui! daß er da selbst kömmt! Es ist sein Gang.

1. Wie hat die von Emilia geschilderte Episode wohl auf den Prinzen gewirkt? – Verfassen Sie ein Gespräch zwischen ihm und Marinelli, in dem er diesem davon berichtet.
2. Welchen Eindruck sollen die Zuschauer von Emilia erhalten? – Die Darstellerin der Emilia macht sich Randnotizen: Gestik, Mimik, Sprechgeschwindigkeit, Bewegungen auf der Bühne etc.

Fünfter Aufzug

Nachdem der Prinz von Guastalla in seiner Verzweiflung dem Marchese Marinelli, seinem Kammerherrn und Vertrauten, freie Hand gegeben hat, alles zu tun, um die Heirat Emilias mit Appiani zu verhindern, läßt dieser das Paar durch zwei bezahlte Verbrecher auf dem Wege zur Trauung überfallen und Appiani ermorden. Der Überfall ereignet sich in der Nähe des prinzlichen Lustschlosses Dosalo, so daß Marinelli einige seiner Bediensteten den Überfallenen scheinbar zu Hilfe eilen lassen kann. Emilia wird zusammen mit ihrer Mutter auf das Schloß „in Sicherheit" gebracht. Claudia erkennt schon bald die wahren Zusammenhänge – im Gegensatz zu Emilia, die sich, durch die Ereignisse völlig verstört, beinahe willenlos in ihr Schicksal fügt. Die Lage spitzt sich zu, als Odoardo Galotti auf das Schloß kommt. Er trifft dort die Gräfin Orsina, die der Prinz wegen Emilia verlassen hat, und erfährt durch sie von Appianis Tod und seinen möglichen Folgen für Emilia. Am Ende des Gesprächs gibt Orsina Odoardo einen Dolch, damit er sie und Appiani räche.

Im Anschluß daran erfährt Odoardo, daß Marinelli und der Prinz Emilia zumindest vorerst nicht mit ihrem Vater nach Hause zurückkehren lassen, sondern sie ohne ihre Eltern in das Haus des Kanzlers Grimaldi und seiner Frau bringen lassen wollen, bis der Überfall völlig aufgeklärt sei; dies erfordere die „Form des Verhörs". Während des Wortwechsels ist Odoardo an einer Stelle versucht, den Prinzen umzubringen, doch auf Grund von dessen einschmeichelnden Worten unterläßt er dies. Dann kommt ihm der Gedanke, Emilia könne heimlich in den Prinzen verliebt sein. Er beschließt, sie auf die Probe zu stellen und sie, wenn sie unschuldig ist, eher zu töten als sie dem Prinzen zu überlassen.

Siebenter Auftritt

EMILIA. ODOARDO.

EMILIA: Wie? Sie hier, mein Vater? – Und nur Sie? – Und meine Mutter? nicht hier? – Und der Graf? nicht hier? – Und Sie so unruhig, mein Vater?

ODOARDO: Und du so ruhig, meine Tochter?

EMILIA: Warum nicht, mein Vater? – Entweder ist nichts verloren: oder alles. Ruhig sein können, und ruhig sein müssen: kömmt es nicht auf eines?

ODOARDO: Aber, was meinest du, daß der Fall ist?

EMILIA: Daß alles verloren ist; – und daß wir wohl ruhig sein müssen, mein Vater.

ODOARDO: Und du wärest ruhig, weil du ruhig sein mußt? – Wer bist du? Ein Mädchen? und meine Tochter? So sollte der Mann, und der Vater sich wohl vor dir schämen? – Aber laß doch hören: was nennest du, alles verloren? – daß der Graf tot ist?

EMILIA: Und warum er tot ist! Warum! – Ha, so ist es wahr, mein Vater? So ist sie wahr die ganze schreckliche Geschichte, die ich in dem nassen und wilden Auge meiner Mutter las? – Wo ist meine Mutter? Wo ist sie hin, mein Vater?

ODOARDO: Voraus; – wann wir anders ihr nachkommen.

EMILIA: Je eher, je besser. Denn wenn der Graf tot ist; wenn er darum tot ist – darum! was verweilen wir noch hier? Lassen Sie uns fliehen, mein Vater!

ODOARDO: Fliehen? – Was hätt' es dann für Not? – Du bist, du bleibst in den Händen deines Räubers.

EMILIA: Ich bleibe in seinen Händen?

ODOARDO: Und allein; ohne deine Mutter; ohne mich.

EMILIA: Ich allein in seinen Händen? – Nimmermehr, mein Vater. – Oder Sie sind nicht mein Vater. – Ich allein in seinen Händen? – Gut, lassen Sie mich nur; lassen Sie mich nur. – Ich will doch sehn, wer mich hält, – wer mich zwingt, – wer der Mensch ist, der einen Menschen zwingen kann.

ODOARDO: Ich meine, du bist ruhig, mein Kind.

EMILIA: Das bin ich. Aber was nennen Sie ruhig sein? Die Hände in den Schoß legen? Leiden, was man nicht sollte? Dulden, was man nicht dürfte?

ODOARDO: Ha! wenn du so denkest! – Laß dich umarmen, meine Tochter! – Ich hab' es immer gesagt: das Weib wollte die Natur zu ihrem Meisterstücke machen. Aber sie vergriff sich im Tone; sie nahm ihn zu fein. Sonst ist alles besser an euch, als an uns. – Ha, wenn das deine Ruhe ist: so habe ich meine in ihr wiedergefunden! Laß dich umarmen, meine Tochter! – Denke nur: unter dem Vorwande einer gerichtlichen Untersuchung, – o des höllischen Gaukelspieles! – reißt er dich aus unsern Armen, und bringt dich zur Grimaldi.

EMILIA: Reißt mich? bringt mich? – Will mich reißen; will mich bringen: will! will! – Als ob wir, wir keinen Willen hätten, mein Vater!

ODOARDO: Ich ward auch so wütend, daß ich schon nach diesem Dolche griff, *(ihn herausziehend)* um einem von beiden – beiden! – das Herz zu durchstoßen.

EMILIA: Um des Himmels willen nicht, mein Vater! – Dieses Leben ist alles, was die Lasterhaften haben. – Mir, mein Vater, mir geben Sie diesen Dolch.

ODOARDO: Kind, es ist keine Haarnadel.

EMILIA: So werde die Haarnadel zum Dolche! – Gleichviel.

ODOARDO: Was? Dahin wär' es gekommen? Nicht doch; nicht doch! Besinne dich. – Auch du hast nur Ein Leben zu verlieren.

EMILIA: Und nur Eine Unschuld!

ODOARDO: Die über alle Gewalt erhaben ist. –

EMILIA: Aber nicht über alle Verführung. – Gewalt! Gewalt! wer kann der Gewalt nicht trotzen? Was Gewalt heißt, ist nichts: Verführung ist die wahre Gewalt. – Ich habe Blut, mein Vater; so jugendliches, so warmes Blut, als eine. Auch meine Sinne, sind Sinne. Ich stehe für nichts. Ich bin für nichts gut. Ich kenne das Haus der Grimaldi. Es ist das Haus der Freude. Eine Stunde da, unter den Augen meiner Mutter; – und es erhob sich so mancher Tumult in meiner Seele, den die strengsten Übungen der Religion kaum in Wochen besänftigen konnten! – Der Religion! Und welcher Religion? – Nichts Schlimmers zu vermeiden*, sprangen Tausende in die Fluten, und sind Heilige! Geben Sie mir, mein Vater, geben Sie mir diesen Dolch.

ODOARDO: Und wenn du ihn kenntest diesen Dolch! –

EMILIA: Wenn ich ihn auch nicht kenne! – Ein unbekannter Freund, ist auch ein Freund. – Geben Sie mir ihn, mein Vater; geben Sie mir ihn.

ODOARDO: Wenn ich dir ihn nun gebe – da! *(Gibt ihr ihn.)*

---

* Um etwas zu vermeiden, das nicht schlimmer war …

60 EMILIA: Und da! *(Im Begriffe sich damit zu durchstoßen, reißt der Vater ihr ihn wieder aus der Hand.)*
ODOARDO: Sieh, wie rasch! – Nein, das ist nicht für deine Hand.
EMILIA: Es ist wahr, mit einer Haarnadel soll ich – *(Sie fährt mit der Hand nach dem Haare, eine zu suchen, und bekömmt die Rose zu fassen.)* Du noch hier? Herunter mit dir! Du gehörest nicht in das Haar einer, – wie mein Vater will, daß ich werden soll!
65 ODOARDO: O, meine Tochter! –
EMILIA: O, mein Vater, wenn ich Sie erriete!* – Doch nein; das wollen Sie auch nicht. Warum zauderten Sie sonst? – *(In einem bittern Tone, während daß sie die Rose zerpflückt:)* Ehedem wohl gab es einen Vater, der seine Tochter von der Schande zu retten, ihr den ersten den besten* Stahl in das Herz senkte – ihr zum zweiten das Leben gab. Aber alle solche Taten sind von ehedem! Solcher Väter gibt es keinen mehr!
70 ODOARDO: Doch, meine Tochter, doch! *(Indem er sie durchsticht:)* Gott, was hab' ich getan! *(Sie will sinken, und er faßt sie in seine Arme.)*
EMILIA: Eine Rose gebrochen, ehe der Sturm sie entblättert. – Lassen Sie mich sie küssen, diese väterliche Hand.

* Ihre Absicht erriete

* den erstbesten

Achter Auftritt

DER PRINZ. MARINELLI. DIE VORIGEN.

DER PRINZ *(im Hereintreten)*: Was ist das? – Ist Emilien nicht wohl?
ODOARDO: Sehr wohl; sehr wohl!
DER PRINZ *(indem er näher kömmt)*: Was seh' ich? – Entsetzen!
5 MARINELLI: Weh mir!
DER PRINZ: Grausamer Vater, was haben Sie getan?
ODOARDO: Eine Rose gebrochen, ehe der Sturm sie entblättert. – War es nicht so, meine Tochter?
EMILIA: Nicht Sie, mein Vater – Ich selbst – ich selbst –
10 ODOARDO: Nicht du, meine Tochter; – nicht du! – Gehe mit keiner Unwahrheit aus der Welt. Nicht du, meine Tochter! Dein Vater, dein unglücklicher Vater!
EMILIA: Ah – mein Vater – *(Sie stirbt, und er legt sie sanft auf den Boden.)*
ODOARDO: Zieh hin! – Nun da, Prinz! Gefällt sie Ihnen noch? Reizt sie noch Ihre Lüste? Noch, in diesem Blute, das wider Sie um Rache schreiet? *(Nach einer Pause:)* Aber Sie er-
15 warten, wo das alles hinaus soll? Sie erwarten vielleicht, daß ich den Stahl wider mich selbst kehren werde, um meine Tat wie eine schale Tragödie zu beschließen? – Sie irren sich. Hier! *(indem er ihm den Dolch vor die Füße wirft)* Hier liegt er, der blutige Zeuge meines Verbrechens! Ich gehe und liefere mich selbst in das Gefängnis. Ich gehe, und erwarte Sie, als Richter. – Und dann dort – erwarte ich Sie vor dem Richter unser aller!
20 DER PRINZ *(nach einigem Stillschweigen, unter welchem er den Körper mit Entsetzen und Verzweiflung betrachtet, zu Marinelli)*: Hier! heb' ihn auf. – Nun? Du bedenkst dich? – Elender! – *(Indem er ihm den Dolch aus der Hand reißt:)* Nein, dein Blut soll mit diesem Blute sich nicht mischen. – Geh, dich auf ewig zu verbergen! – Geh! sag' ich. – Gott! Gott! – Ist es, zum Unglücke so mancher, nicht genug, daß Fürsten Menschen sind: müssen sich auch noch Teufel
25 in ihren Freund verstellen?

Ende des Trauerspiels

1. Verfassen Sie aus den Zeilen 1–28 des siebten Auftritts eine sprachlich „aktualisierte" Version der Szene, indem Sie die Passagen, die Ihnen schwerverständlich scheinen, in modernes Deutsch umschreiben. Beachten Sie dabei die jeweilige Absicht Emilias bzw. Odoardos.
2. Der Schluß des Dramas wurde von Beginn an sehr kontrovers diskutiert. Verfassen Sie eine kurze eigene Kritik mit eventuellen Änderungsvorschlägen. Diskutieren Sie diese in der Gruppe im Hinblick auf die sich daraus ergebende Aussage des Dramas.
3. In Titus Livius' Text führt die Tat des Vaters, der seine Tochter umbringt, um sie davor zu bewahren, dem Herrscher als Sklavin zu dienen, zu einem Volksaufstand. Legt auch Lessings Darstellung der Personen und der Handlung diese Konsequenz nahe? Entspräche sie der von Lessing beabsichtigten Wirkung mit seinem Stück? – Lesen Sie dazu gegebenenfalls die Texte von S. 32 ff.

TEXTE ZU „EMILIA GALOTTI"

ZEITGENÖSSISCHE AUSSAGEN ZUM SCHLUSS DES TRAUERSPIELS

Szenenbild

G. E. Lessing
Brief an einen Freund (16. 3. 1772)

[…] Auch heute kann und mag ich das Stück noch nicht spielen sehen. Kann nicht, weil ich krank bin. Mag nicht, weil mir der Kopf davon noch warm ist, und es mir erst wieder fremd werden muß, wenn mir das Sehen etwas nützen soll.

G. E. Lessing
Brief an seinen Bruder Karl (1. 3. 1772)

[…] Schreibe mir nur bald, lieber Bruder, und sage mir, wie Dir das Ganze gefällt. Du siehst wohl, daß es weiter nichts, als eine modernisirte, von allem Staatsinteresse befreyete Virginia seyn soll.

J. G. Herder (1744–1803)
Briefe zur Humanität (1794)

[…] Wie dem auch sei, in diesem Stück getraute ich mir den Charakter der Emilie, Orsina, geschweige der Claudia völlig vertheidigen zu können; ja es bedarf dieser Vertheidigung nicht, da sich hier Alles in der Sphäre eines Prinzen, um seine Person, um seine Liebe, Treue und Affection drehet. Wer kennt die Übermacht dieses Standes beim schönen Geschlechte nicht? und wer darf es der Emilie in *diesen* Augenblicken einer solchen Situation verargen, wenn sie den Dolch ihres Vaters einer künftigen Gefahr vorziehet? […] Wie Verstandvoll hat Leßing das Herz der Emilie mit Religion verwebet, um auch hier die Stärke und Schwäche einer solchen Stütze zu zeigen! Wie überlegt läßt er den Prinzen sie am heiligen Ort aufsuchen, sie in der Kapelle vor aller Welt anreden, und stellt die schwache Mutter, den strengen, grollhaften Fürstenfeind, Odoardo, neben sie. Ihr Tod ist lehrreich-schrecklich, ohne aber daß dadurch die Handlung des Vaters zum absoluten Muster der Besonnenheit werde. Nichts weniger! Der Alte hat eben so wohl wie das erschrockene Mädchen in der betäubenden Hofluft den Kopf verlohren; und eben diese Verwirrung, die Gefahr solcher Charaktere in solcher Nähe wollte der Dichter schildern.

M. Claudius (1740 – 1815)
im „Wandsbekker Bothen" (15. 4. 1772)

[…] Eines kann *ich* mir in diesem Augenblick nicht recht auflösen, wie nämlich die Emilia so zu sagen bey der Leiche ihres Appiani an die Verführung eines andern und dabey an ihr warmes Blut denken konnte. Mich dünkt ich hätte in ihrer Stelle halb nacket durch ein Heer der wollüstigsten Teufel gehen wollen, und keiner hätte es wagen sollen mich anzurühren.

Karl Lessing berichtete seinem Bruder gleich nach den ersten Aufführungen, es gehe das Gerücht, daß Lessing den Schluß der Tragödie verändert habe. Dieser antwortete am 2. Mai 1772:

Wer Dir gesagt hat, daß ich den Schluß meiner Tragödie geändert, der hat gelogen. – Was will man denn, das ich daran ändern soll?

F. Nicolai
Brief an Lessing (7.4.1772)

Viele haben es nicht begreifen können, und halten es für unnatürlich, daß der Vater seine geliebte Tochter blos aus *Besorgniß der Verführung* erstechen könne. Diese aber sehen die große Wahrheit nicht ein, die Emilia sagt, daß Gewalt nicht Gewalt, sondern daß Verführung, liebreizende Verführung, Gewalt ist. Mein Freund, der Prediger Eberhard, sagt: die Emilia ist ein Rock auf den Zuwachs gemacht, in den das Publicum noch hinein wachsen muß. Dies gilt unter andern auch von der letzten Scene. Sollte ich aber etwas hierbey wünschen, so wäre es, daß Sie von der Verführung etwas auf dem Theater hätten vorgehen lassen, daß Sie den Prinzen hätten in einer Scene pressant seyn lassen, und daß Emilia zwar nicht gewankt hätte, aber doch in einige Verlegenheit gerathen wäre. Alsdann würde das Publicum die Bitte der Emilia um den Dolch gerechter gefunden haben, als jetzt, da es die gefährlichen Grimaldis nicht vor Augen sieht, und den Prinzen noch lange nicht dringend genug findet.

s. dazu Claudius

Publikum soll etwas dabei lernen. Aber was?
– Daß es sich ändern muß?
Oder daß es sich wehren muß?
Oder …

1. Was könnte Nicolai mit seinen Aussagen meinen? Arbeiten Sie mit den Randbemerkungen weiter.
   Wer ist letztendlich eigentlich „schuld" an Emilias Tod? Marinelli? Der Prinz? Ihr Vater? Sie selbst? Alle? Was bezweckt Lessing mit dem Schluß?
2. Vergleichen Sie die unterschiedlichen Aussagen zu Lessings Text. Welchen können Sie sich anschließen? – Begründen Sie.
3. Lesen Sie die Ausführungen zum „bürgerlichen Trauerspiel", und formulieren Sie dann Ihren eigenen Interpretationsansatz.
4. Vergleichen Sie diesen schließlich mit den Aussagen auf der letzten Seite des Kapitels.

DAS „BÜRGERLICHE TRAUERSPIEL"

Das Adjektiv „bürgerlich" war im 18. Jahrhundert zunächst nicht primär ein ständischer Begriff. Im Gegenteil: Die soziologische Bedeutung war eher nebensächlich. „Bürgerlich" war ein Synonym für „allgemein-menschlich" und bezeichnete den häuslichen, familiären Bereich im Unterschied zum politischen, öffentlichen. Das „bürgerliche Trauerspiel" ist also das Drama des Privaten, und es geht nicht um staatstragende Fragen. Das „bürgerliche Trauerspiel" wurde in der zeitgenössischen Kritik deshalb auch als „tragisches Familiengemählde" bezeichnet, und die „Bürger" wurden definiert als das „Gegentheil von Personen der heroischen Tragödie (Regenten großer Staaten, Kriegshelden der Vorzeit [...] usw.)". In Lessings „Emilia Galotti" verschob sich der Akzent hin zu einer ständischen, gesellschaftskritischen Sichtweise, denn nun wird der tragische Konflikt durch standesbedingtes Verhalten ausgelöst. Wenngleich „bürgerlich" besonders zu Anfang eine Lebensweise oder Gesinnung ausdrückte, so lag es doch auf der Hand, diese eher bei Vertretern der Bürgerschicht zu suchen als bei Adligen, weil erstere dem zugrunde liegenden Bild besser entsprachen. Personen wie Appiani wären aber trotz ihres Standes dem damaligen Verständnis nach „bürgerlich".
Die beiden folgenden Texte sollen zeigen, worauf es Lessing ankam:

Ich habe es lange schon geglaubt, daß der Hof der Ort eben nicht ist, wo ein Dichter die Natur studieren kann. Aber wenn Pomp und Etiquette aus Menschen Maschinen macht, so ist es das Werk des Dichters, aus diesen Maschinen wieder Menschen zu machen. [...]
Nichts ist züchtiger und anständiger als die simple Natur. Grobheit und Wust ist eben so weit von ihr entfernt, als Schwulst und Bombast von dem Erhabnen. Das nämliche Gefühl, welches die Grenzscheidung dort wahrnimmt, wird sie auch hier bemerken. Der schwülstigste Dichter ist daher unfehlbar auch der pöbelhafteste. Beide Fehler sind unzertrennlich; und keine Gattung gibt mehr Gelegenheit in beide zu verfallen, als die Tragödie.

Die Namen von Fürsten und Helden können einem Stücke Pomp und Majestät geben; aber zur Rührung tragen sie nichts bei. Das Unglück derjenigen, deren Umstände den unsrigen am nächsten kommen, muß natürlicher Weise am tiefsten in unsere Seele dringen; und wenn wir mit Königen Mitleiden haben, so haben wir es mit ihnen als mit Menschen, und nicht als mit Königen. Macht ihr Stand schon öfters ihre Unfälle wichtiger, so macht er sie darum nicht interessanter.

Anregungen zur weiteren Lektüre:
S. 10 ff., S. 51 ff., S. 63 ff.
Müller, J.-D.: Erläuterungen und Dokumente zu G. E. Lessing, Emilia Galotti. Stuttgart, 1971 (Reclam UB 8111/11a).

Steinmetz, H.: Emilia Galotti. In: Lessings Dramen, Interpretationen. Stuttgart, 1987 (Reclam UB 8411)

1. Wie möchte Lessing das Publikum ansprechen? – Suchen Sie einige zentrale Begriffe, und erläutern Sie Ihre Auswahl.
2. Was möchte er beim Publikum erreichen?

INTERPRETATIONSANSÄTZE ZU LESSINGS „EMILIA GALOTTI"

- 1 Der Schluß ist resignativ. Lessing will zeigen, daß das Bürgertum zu schwach ist, sich gegen den Adel zu wehren. Das Stück ist somit anti-revolutionär.
- 2 Lessing kritisiert das Bürgertum. Seiner Ansicht nach führt sowohl die scharfe Abgrenzung gegen den Adel (Odoardo) als auch die heimliche Bewunderung des Adels zum Selbstverlust der eigenen Klasse.
- 3 Der Schluß des Dramas soll die Zuschauer provozieren, sich aktiv gegen den Adel zur Wehr zu setzen. Das Drama hat revolutionären Charakter, gerade *weil* Odoardo seine Tochter tötet. Damit provoziert er im Publikum eine heftige Proteststimmung gegen den Adel.
- 4 Aus Emilia spricht eine gewisse „emanzipatorische Energie" des Bürgertums. Zwar lehnt sich dieses noch nicht direkt auf, aber es nimmt sein Schicksal in die eigene Hand – und sei es bislang auch nur, indem es sich selbst tötet.
- 5 Lessing kritisiert die Familienstruktur seiner Zeit, indem er zeigt, daß Odoardo seine Tochter lieber tötet als zuzulassen, daß sie seiner väterlichen Verfügungsgewalt entzogen wird.
- 6 Das bürgerliche Tugendideal beweist sich als untauglich für die gesellschaftliche Praxis, weil es weltfremd ist. Die vermeintliche Stärke des Bürgertums wird somit letztendlich zur tödlichen Schwäche. Das bürgerliche Ideal der Privatheit macht seine Vertreter/innen unfähig, in schwierigen Situationen richtig zu reagieren. Dies wird vom Adel korrupt ausgenutzt.
- 7 Lessing will die Zuschauer dazu bringen, politisch bewußter zu handeln und sich nicht nur in die eigenen vier Wände zurückzuziehen. Die souveräne Adelsherrschaft soll durch ein emanzipiertes Bürgertum überwunden oder zumindest zum aufgeklärten Absolutismus hin weiterentwickelt werden.
- 8 Lessing führt dem Publikum die Wirklichkeit vor Augen: Auch in dieser waren die Untertanen machtlos, und auch in dieser wurden die Bürgermädchen von Fürsten verführt. Das Stück ist nur realistisch.
- 9 Emilia stirbt, um ihre Unschuld zu bewahren. Damit demonstriert Lessing die Stärke des bürgerlichen Tugendideals und setzt damit einen Kontrapunkt zur höfischen Lasterhaftigkeit, der den Zuschauern Selbstbewußtsein und Klassenbewußtsein geben soll.
- 10 „Emilia Galotti" ist ein religiöses Drama. Odoardo verweist zum Schluß auf Gott als höchsten Richter, der in seiner Gerechtigkeit die Klassenunterschiede aufheben und die Schuldigen bestrafen wird. Lessing zeigt, daß der Kampf um Gerechtigkeit nicht vom Menschen ausgehen darf, solange dieser selbst noch unvollkommen ist.

1. Kennzeichnen Sie die Aussagen, denen Sie zustimmen können. Begründen Sie Ihre Auswahl.
2. Formulieren Sie Ihr abschließendes Urteil.

Sie wird gewiß kommen, die Zeit der Vollendung

Heutigen Leserinnen und Lesern erscheint es vielleicht ungewöhnlich, daß sich die Literatur und Philosophie einer ganzen Epoche immer wieder mit Glaubensfragen beschäftigt und daß zentrale Texte dieser Epoche auf einen Streit von Literaten und Geistlichen zurückgehen. Dazu muß man wissen, daß es in der Auseinandersetzung zwischen den Aufklärern und der Geistlichkeit um mehr ging als „nur" um Glaubensfragen. Wenn sich Lessing, Kant oder andere für Toleranz und Menschlichkeit zwischen den Religionen starkmachten, so bedeutete dies gleichzeitig, daß sie die uneingeschränkte Dominanz der Kirche über das Volk in Frage stellten – eine Dominanz, die eine jahrhundertealte Tradition hatte und die sich nicht auf den religiösen Bereich beschränkte, sondern sich auch im sozialen, wirtschaftlichen und politischen Bereich zeigte, wo der Klerus und die Fürsten nur zu oft gemeinsam bemüht waren, emanzipatorische Tendenzen schon im Ansatz zu unterdrücken. So schreibt z.B. Freiherr von Knigge im Jahr 1792, daß „der geistliche Despotismus von je her, nach Gelegenheit, dem politischen entweder die Hand gereicht, oder die Stange gehalten hat".

Die deutsche Staatsverfassung war bis zum Ende des Jahrhunderts konservativ-theokratisch, d.h., die gesellschaftliche Ordnung galt als Abbild der göttlichen Ordnung, und die Obrigkeit war von Gott so gewollt und eingesetzt. An ihr zu rütteln hieß sich versündigen. Emanzipation in „Religionsfragen" wurde demnach als durchaus gefährlich angesehen. Das politische Wohlverhalten der Untertanen war den weltlichen Fürsten so wichtig wie dem Klerus. Dies begann sich erst langsam mit der Idee des „Aufgeklärten Absolutismus" zu ändern, bei dem sich der Herrscher als „erster Diener seines Staates" (Friedrich II.) verstand. Doch selbst dann blieb noch einiges im argen, was die Toleranz Andersgläubigen gegenüber betrifft ...

AUFKLÄRUNG UND JUDENTUM: TOLERANZ NUR ALS FERNZIEL

1754 erschien von Lessing ein Lustspiel mit dem Titel „Die Juden", dessen Hauptperson ein edler Jude ist, der allen Vorurteilen mit Toleranz und Menschlichkeit begegnet und der damit seine anfänglichen Gegenspieler zum Umdenken bewegt. Nachdem ein bekannter Literaturkritiker der damaligen Zeit an dem Stück bemängelte, daß die Hauptperson für einen Juden zu „redlich" dargestellt sei, gab Lessing ihm zur Antwort, daß er das Vorbild für seine edle literarische Figur persönlich kenne:

> Er ist wirklich ein Jude, ein Mensch von etlichen zwanzig Jahren, welcher ohne alle Anweisung, in Sprachen, in der Mathematik, in der Weltweisheit, in der Poesie, eine große Stärke erlangt hat. Ich sehe ihn im voraus als eine Ehre seiner Nation an, wenn ihn anders seine eigene Glaubensgenossen zur Reife kommen lassen, die allezeit ein unglücklicher Verfolgungsgeist wider Leute seines gleichen getrieben hat.

vgl. S. 13

Der Mann, von dem Lessing sprach, hieß Moses Mendelssohn (1729 – 1786). Er sollte zur zentralen Gestalt der Berliner Judengemeinde und zu einem der geistigen Führer der Aufklärung werden. Mendelssohn war Fabrikinspektor in einer Seidenwaren-Manufaktur und führte ein bescheidenes Leben als Privatgelehrter. Er predigte die Toleranz und trat für die Gleichachtung der Religionen und ihre Unabhängigkeit vom Staat ein. Seinen Zeitgenossen galt er als Muster an Bescheidenheit und Wahrheitsliebe. Lessing setzte ihm mit der Person des „Nathan" ein literarisches Denkmal.

1769 schickte der damals ebenfalls sehr bekannte Schweizer Theologe und Dichter Johann Caspar Lavater Mendelssohn eine „philosophische Untersuchung der Beweise für das Christentum" mit der sehr freundlich gehaltenen Aufforderung, „dieselbe öffentlich zu widerlegen" oder, wenn er dies nicht könne, den Glauben zu wechseln. Mendelssohn konnte nicht anders, als diese Herausforderung anzunehmen und öffentlich zu antworten. Er tat das, indem er zunächst darauf hinwies, daß es Geist der jüdischen Religion sei, niemanden bekehren zu wollen, und daß er gerne alle Religionsstreitigkeiten vermieden hätte:

Die verächtliche Meinung, die man von einem Juden hat, wünschte ich durch Tugend, und nicht durch Streitschriften widerlegen zu können. […] Nach den Grundsätzen meiner Religion *soll* ich niemand, der nicht nach unserm Gesetze gebohren ist, zu bekehren suchen. […] Alle übrigen Völker der Erde, glauben wir, seyen von Gott angewiesen worden, sich an das Gesetz der Natur und an die Religion der Patriarchen zu halten. Die ihren Lebenswandel nach den Gesetzen dieser Religion der Natur und der Vernunft einrichten, werden *tugendhafte Männer von andern Nationen* genennet und diese sind Kinder der ewigen Seligkeit.

Nicht die Glaubenszugehörigkeit ist also entscheidend für den Wert eines Menschen, sondern seine tugendhafte, an Natur und Vernunft ausgerichtete Lebensführung. Leider entsprach Mendelssohns Idealbild einer tugendhaften und menschlichen Gesellschaft durchaus nicht der gesellschaftlichen Realität, der gerade die Juden ausgesetzt waren. Am 28.7.1780 schrieb Mendelssohn folgende Zeilen an einen Benediktinermönch:

Allhier in diesem sogenannten duldsamen Lande lebe ich gleichwohl so eingeengt, durch wahre Intoleranz so von allen Seiten beschränkt, daß ich meinen Kindern zu Liebe mich den ganzen Tag in einer Seidenfabrik, so wie Sie – – sich in einem Kloster, einsperren muß; und den Musen nicht so fleißig opfern darf, als ich es wünsche, weil es mein Prior nicht zugeben will. Ich ergehe mich zuweilen des Abends mit meiner Frau und meinen Kindern. Papa! fragt die Unschuld, was ruft uns jener Bursche dort nach? warum werfen sie mit Steinen hinter uns her? was haben wir ihnen gethan? – Ja, lieber Papa! spricht ein anderes, sie verfolgen uns immer in den Straßen, und schimpfen: Juden! Juden! Ist denn dieses so ein Schimpf bei den Leuten, ein Jude zu seyn? Und was hindert dieses andere Leute? – Ach! ich schlage die Augen unter und seufze mit mir selber: Menschen! Menschen! wohin habt Ihr es endlich kommen lassen?

Daß dies keine Ausnahme war, wird klar, wenn man einen Blick in ein weitverbreitetes Nachschlagewerk des 18. Jahrhunderts wirft. Unter dem Artikel „Juden oder Jüden" heißt es dort unter anderem:

Sie sind unsere geschworne Feinde. Und wie offt haben sie nicht Christen-Kinder geschlachtet, gecreutziget, im Mörser zerstossen. Sie sind die ärgsten Diebe, und Betrug ist ihr eigentliches Wahrzeichen. […] Sie müssen ihren Hals unter das Joch fremder Obrigkeit beugen, und ihre Schultern neigen zu aller Bürde, die ihnen harte Herren auflegen wollen. Ja, GOTT hat sie auch in der Natur gezeichnet: Gewiß, ein Juda hat etwas an sich, daran man ihn bald erkennen, und von andern Menschen unterscheiden kann.

Dieses Lexikon erschien schon 1735 und gibt 30 Jahre später in seiner Radikalität sicherlich nicht mehr die allgemeine Meinung wieder, aber dennoch ist klar, daß die Juden sich auch im Zeitalter der Aufklärung noch immer bösartigen Vorurteilen ausgesetzt sahen. Dem wollte Lessing entgegenwirken, und dabei ging es ihm nicht nur darum, das Bild der Juden zurechtzurücken, sondern es ging ihm um Grundsätzlicheres: um religiöse Toleranz und Menschlichkeit als Voraussetzung für eine bessere und friedlichere Welt. Untrennbar damit verbunden ist im übrigen seine Einstellung dem erhöhten Nationalgefühl vieler seiner Freunde bei Ausbruch des Siebenjährigen Krieges gegenüber. Am 14. 2. 1759 schreibt er an seinen Freund, den patriotischen Dichter J. W. L. Gleim:

> Ich habe überhaupt von der Liebe des Vaterlandes (es tut mir leid, daß ich Ihnen vielleicht meine Schande gestehen muß) keinen Begriff, und sie scheint mir aufs Höchste eine heroische Schwachheit, die ich recht gern entbehre. – Doch lassen Sie mich davon nichts weiter schreiben. Ich rühme mich, daß ich von der Freundschaft desto höhere Begriffe habe. […]

1. Verfassen Sie eine zeitgenössische Version von Mendelssohns Brief vom 28.7.1780. Wählen Sie dazu eine geeignete Perspektive.
2. Erläutern Sie, was Lessing meinen könnte, wenn er den Patriotismus als „heroische Schwachheit" bezeichnet. Erörtern Sie diesen Standpunkt.
3. Patriotismus – Freundschaft: Lessing bringt die beiden Begriffe in einen Zusammenhang, grenzt sie dann aber gegeneinander ab. Erörtern Sie, inwiefern sie miteinander zu tun haben und wo für Lessing als Aufklärer wohl die wesentlichen Unterschiede gelegen haben.

DIE ERZIEHUNG DES MENSCHENGESCHLECHTS

Lessing skizzierte seine Auffassung von Religion in der „Erziehung des Menschengeschlechts" (1. Teil 1777, vollendet 1780). Unter dem Einfluß des Philosophen Baruch Spinoza sieht er die Menschheitsgeschichte als einen beständigen moralischen und geistigen Fortschritt, der von der Religion zwar gefördert wird – sofern diese nicht an starren Dogmen klebt –, in dessen Verlauf der Glaube aber durch das Denken im Sinne eines ethischen Bewußtseins ersetzt wird. „Gott" war für Lessing demnach kein persönlicher Gott, sondern eine in der Menschheit wirkende Gesetzmäßigkeit, die die Entwicklung zum Guten fördert, indem sie Fortschritte der Sittlichkeit und der Vernunft bewirkt. Am Ende dieses Prozesses stand nach Lessing eine Zeit der universalen Brüderlichkeit, die keine Theologie mehr brauchte.
In dieser Auffassung zeigte sich also eine Umkehrung des theologisch-jenseitigen Begriffs von göttlicher Offenbarung zu einem philosophisch-diesseitigen. Sein Weltbild wird ansatzweise in einem kleinen Textauszug (§ 85) aus seiner „Erziehung des Menschengeschlechts" deutlich:

> Nein; sie wird kommen, sie wird gewiß kommen, die Zeit der Vollendung, da der Mensch, je überzeugter sein Verstand einer immer bessern Zukunft sich fühlet, von dieser Zukunft gleichwohl Bewegungsgründe zu seinen Handlungen zu erborgen, nicht nötig haben wird; da er das Gute tun wird, weil es das Gute ist, nicht weil willkürliche Belohnungen darauf gesetzt sind, die seinen flatterhaften Blick ehedem bloß heften und stärken sollten, die innern bessern Belohnungen desselben zu erkennen.

1. Spinoza
2. Deismus

1. Analysieren Sie den Satz Lessings in seinem Aufbau; zerlegen Sie ihn in seine Einzelteile, und erklären Sie diese.
2. Wie bewerten Sie Lessings Aussage aus heutiger Sicht?

DER RECHTE RING WAR NICHT ERWEISLICH

Eine der berühmtesten Auseinandersetzungen der Literaturgeschichte ist die zwischen Lessing und dem Hauptpastor Goeze aus Hamburg, denn aus ihr ging letztendlich Lessings Drama „Nathan der Weise" hervor. Die Vorgeschichte ist schnell erzählt: Während seiner Tätigkeit am Hamburger Nationaltheater war Lessing mit der Familie des Hamburger Professors Hermann Samuel Reimarus (1694 – 1768) befreundet. Reimarus hatte bereits in den vierziger Jahren eine Schrift verfaßt, in der die Theologie als betrügerische Erfindung gebrandmarkt wurde. Nach Reimarus' Tod begann Lessing mit dem Einverständnis der Familie Teile dieser Schrift zu veröffentlichen, ohne jedoch den Verfasser zu benennen. Zwar war der gedankliche Gehalt der veröffentlichten Fragmente den Theologen der Zeit vertraut, aber die Kompromißlosigkeit der Formulierung und überhaupt die Tatsache, daß jemand es wagte, etwas Derartiges zu veröffentlichen, ließ schon bald die Wellen der Empörung hochschlagen. Aus den vielen Gegnern Lessings stach schließlich Goeze als der gefährlichste heraus, denn er erkannte als erster die politische Bedeutung der Veröffentlichung der Fragmente. Und dadurch hatte er die Mächtigen auf seiner Seite. Im Juli 1778 verbot der Herzog von Braunschweig Lessing per Erlaß, den Streit fortzusetzen, und Lessing mußte sich auf seine „alte Kanzel, das Theater" (Brief an Elise Reimarus vom 6.9.1778) zurückziehen, um sich von dort aus Gehör zu verschaffen. Nachdem er schon 1776 den Plan gehabt hatte, aus dem Stoff einer Novelle des italienischen Dichters Boccaccio ein Drama zu machen, setzte er diesen bis Mai 1779 mit dem Drama „Nathan der Weise" um. Seine Absicht war, „dem Feinde auf einer anderen Seite damit in die Flanke [zu] fallen" (Brief an Karl Lessing vom 7.11.1778).

G. E. LESSING: NATHAN DER WEISE, III,7

Zur Vorgeschichte der Szene: Das Drama spielt in Jerusalem, der Stadt der drei Weltreligionen Christentum, Judentum und Islam, zur Zeit der Kreuzzüge. Der Jude Nathan, ein edler und weiser Mann, der sich durch seine Vorurteilslosigkeit auszeichnet, wird zum Sultan Saladin gerufen, der auf Grund seiner Freigebigkeit in Geldnot geraten ist. Dieser stellt dem reichen Nathan die verfängliche Frage nach der wahren Religion, um ihn zu testen und eventuell an sein Geld zu kommen. Daraufhin erzählt ihm Nathan das folgende Märchen, die berühmte „Ringparabel". Sie bildet das formale und gedankliche Zentrum des Dramas.

Szenenfoto

NATHAN Vor grauen Jahren lebt' ein Mann in Osten,
Der einen Ring von unschätzbarem Wert'
Aus lieber Hand besaß. Der Stein war ein
Opal, der hundert schöne Farben spielte,
5 Und hatte die geheime Kraft, vor Gott
Und Menschen angenehm zu machen, wer
In dieser Zuversicht ihn trug. Was Wunder,
Daß ihn der Mann in Osten darum nie
Vom Finger ließ; und die Verfügung traf,
10 Auf ewig ihn bei seinem Hause zu
Erhalten? Nämlich so. Er ließ den Ring
Von seinen Söhnen dem geliebtesten;
Und setzte fest, daß dieser wiederum
Den Ring von seinen Söhnen dem vermache,
15 Der ihm der liebste sei; und stets der liebste,
Ohn' Ansehn der Geburt, in Kraft allein
Des Rings, das Haupt, der Fürst des Hauses werde. –
Versteh mich, Sultan.
SALADIN Ich versteh dich. Weiter!
20 NATHAN So kam nun dieser Ring, von Sohn zu Sohn,
Auf einen Vater endlich von drei Söhnen;
Die alle drei ihm gleich gehorsam waren,
Die alle drei er folglich gleich zu lieben
Sich nicht entbrechen konnte. Nur von Zeit
25 Zu Zeit schien ihm bald der, bald dieser, bald
Der dritte, – so wie jeder sich mit ihm
Allein befand, und sein ergießend Herz
Die andern zwei nicht teilten, – würdiger
Des Ringes; den er denn auch einem jeden
30 Die fromme Schwachheit hatte, zu versprechen.
Das ging nun so, so lang es ging. – Allein
Es kam zum Sterben, und der gute Vater
Kömmt in Verlegenheit. Es schmerzt ihn, zwei
Von seinen Söhnen, die sich auf sein Wort
35 Verlassen, so zu kränken. – Was zu tun? –
Er sendet in geheim zu einem Künstler,
Bei dem er, nach dem Muster seines Ringes,
Zwei andere bestellt, und weder Kosten
Noch Mühe sparen heißt, sie jenem gleich,
40 Vollkommen gleich zu machen. Das gelingt
Dem Künstler. Da er ihm die Ringe bringt,
Kann selbst der Vater seinen Musterring
Nicht unterscheiden. Froh und freudig ruft
Er seine Söhne, jeden ins besondre;
45 Gibt jedem ins besondre seinen Segen, –
Und seinen Ring, – und stirbt. – Du hörst doch, Sultan?
SALADIN *(der sich betroffen von ihm gewandt).*
Ich hör, ich höre! – Komm mit deinem Märchen
Nur bald zu Ende. – Wirds?
50 NATHAN Ich bin zu Ende.
Denn was noch folgt, versteht sich ja von selbst. –
Kaum war der Vater tot, so kömmt ein jeder

Mit seinem Ring', und jeder will der Fürst
Des Hauses sein. Man untersucht, man zankt,
55 Man klagt. Umsonst; der rechte Ring war nicht
Erweislich; –
(Nach einer Pause, in welcher er des Sultans Antwort erwartet)
Fast so unerweislich, als
60 Uns itzt – der rechte Glaube.
SALADIN Wie? das soll
Die Antwort sein auf meine Frage? …
NATHAN Soll
Mich bloß entschuldigen, wenn ich die Ringe,

65 Mir nicht getrau zu unterscheiden, die
Der Vater in der Absicht machen ließ,
Damit sie nicht zu unterscheiden wären.
SALADIN Die Ringe! – Spiele nicht mit mir! – Ich dächte,
Daß die Religionen, die ich dir
70 Genannt, doch wohl zu unterscheiden wären.
Bis auf die Kleidung; bis auf Speis und Trank!
NATHAN Und nur von Seiten ihrer Gründe nicht. –
Denn gründen alle sich nicht auf Geschichte?
Geschrieben oder überliefert! – Und
75 Geschichte muß doch wohl allein auf Treu
Und Glauben angenommen werden? – Nicht? –
Nun wessen Treu und Glauben zieht man denn
Am wenigsten in Zweifel? Doch der Seinen?
Doch deren Blut wir sind? doch deren, die
80 Von Kindheit an uns Proben ihrer Liebe
Gegeben? die uns nie getäuscht, als wo
Getäuscht zu werden uns heilsamer war? –
Wie kann ich meinen Vätern weniger,
Als du den deinen glauben? Oder umgekehrt. –
85 Kann ich von dir verlangen, daß du deine
Vorfahren Lügen strafst, um meinen nicht
Zu widersprechen? Oder umgekehrt.
Das nämliche gilt von den Christen. Nicht? –
SALADIN (Bei dem Lebendigen! Der Mann hat Recht.
90 Ich muß verstummen.)
NATHAN Laß auf unsre Ring'
Uns wieder kommen. Wie gesagt: die Söhne
Verklagten sich; und jeder schwur dem Richter,
Unmittelbar aus seines Vaters Hand
95 Den Ring zu haben. – Wie auch wahr! – Nachdem
Er von ihm lange das Versprechen schon
Gehabt, des Ringes Vorrecht einmal zu
Genießen. – Wie nicht minder wahr! – Der Vater,
Beteu'rte jeder, könne gegen ihn
100 Nicht falsch gewesen sein; und eh' er dieses
Von ihm, von einem solchen lieben Vater,
Argwohnen laß': eh' müß' er seine Brüder,
So gern er sonst von ihnen nur das Beste
Bereit zu glauben sei, des falschen Spiels
105 Bezeihen; und er wolle die Verräter
Schon auszufinden wissen; sich schon rächen.
SALADIN Und nun, der Richter? – Mich verlangt zu hören,
Was du den Richter sagen lässest. Sprich!
NATHAN Der Richter sprach: wenn ihr mir nun den Vater
110 Nicht bald zur Stelle schafft, so weis' ich euch
Von meinem Stuhle. Denkt ihr, daß ich Rätsel
Zu lösen da bin? Oder harret ihr,
Bis daß der rechte Ring den Mund eröffne? –
Doch halt! Ich höre ja, der rechte Ring
115 Besitzt die Wunderkraft beliebt zu machen;
Vor Gott und Menschen angenehm. Das muß

Entscheiden! Denn die falschen Ringe werden
Doch das nicht können! – Nun; wen lieben zwei
Von euch am meisten? – Macht, sagt an! Ihr
120 schweigt?
Die Ringe wirken nur zurück? und nicht
Nach außen? Jeder liebt sich selber nur
Am meisten? – O so seid ihr alle drei
Betrogene Betrieger! Eure Ringe
125 Sind alle drei nicht echt. Der echte Ring
Vermutlich ging verloren. Den Verlust
Zu bergen, zu ersetzen, ließ der Vater
Die drei für einen machen.
SALADIN Herrlich! herrlich!
130 NATHAN Und also; fuhr der Richter fort, wenn ihr
Nicht meinen Rat, statt meines Spruches, wollt:
Geht nur! – Mein Rat ist aber der: ihr nehmt
Die Sache völlig wie sie liegt. Hat von
Euch jeder seinen Ring von seinem Vater:
135 So glaube jeder sicher seinen Ring
Den echten. – Möglich; daß der Vater nun
Die Tyrannei des Einen Rings nicht länger
In seinem Hause dulden wollen! – Und gewiß;
Daß er euch alle drei geliebt, und gleich
140 Geliebt: indem er zwei nicht drücken mögen,
Um einen zu begünstigen. – Wohlan!
Es eifre jeder seiner unbestochnen
Von Vorurteilen freien Liebe nach!
Es strebe von euch jeder um die Wette,
145 Die Kraft des Steins in seinem Ring' an Tag
Zu legen! komme dieser Kraft mit Sanftmut,
Mit herzlicher Verträglichkeit, mit Wohltun,
Mit innigster Ergebenheit in Gott,
Zu Hülf'! Und wenn sich dann der Steine Kräfte
150 Bei euern Kindes-Kindeskindern äußern:
So lad' ich über tausend tausend Jahre,
Sie wiederum vor diesen Stuhl. Da wird
Ein weisrer Mann auf diesem Stuhle sitzen,
Als ich; und sprechen. Geht! – So sagte der
155 Bescheidne Richter.
SALADIN Gott! Gott!
NATHAN Saladin,
Wenn du dich fühlest, dieser weisere
Versprochne Mann zu sein: …
160 SALADIN *(der auf ihn zustürzt, und seine Hand ergreift, die er bis zu Ende nicht wieder fahren läßt).*
Ich Staub? Ich Nichts?
O Gott!
NATHAN Was ist dir, Sultan?
165 SALADIN Nathan, lieber Nathan! –
Die tausend tausend Jahre deines Richters
Sind noch nicht um. – Sein Richterstuhl ist nicht
Der meine. – Geh! – Geh! – Aber sei mein Freund.

DIE RINGPARABEL BEI BOCCACCIO (AUSSCHNITT):

[…] Ich besinne mich, sofern ich nicht irre, gehört zu haben, daß ehedem ein großer und reicher Mann unter andern raren Edelsteinen in seinem Schatz auch einen vorzüglich schönen und kostbaren Ring besessen hat. Er schätzte ihn seines Werts und seiner Schönheit wegen so sehr, daß er wünschte, er möge beständig in seiner Familie bleiben, und befahl daher, daß dasjenige von seinen Kindern, bei dem sich dieser Ring fände und dem er ihn hinterließe, für seinen Erben angesehn und von den übrigen als der Vornehmste geachtet und geschätzt werden solle. Sein Erbe beobachtete bei seinen Nachkommen ebendiese von seinem Vorfahren festgesetzte Ordnung, und so ging der Ring von einer Hand in die andere. Endlich kam er an einen Vater von drei Söhnen, die gleich schön, tugendhaft und ihrem Vater, äußerst gehorsam waren. Er liebte sie folglich alle gleich stark. Die Söhne kannten die Bedeutung des Ringes, und jeder war begierig, der Erbe zu sein. Jeder bat also den alten Vater, ihm beim Sterben den Ring zu hinterlassen. Der ehrliche Mann, der gleiche Liebe für sie hatte, war wirklich im Zweifel, welchen er zum Besitzer des Ringes machen solle. Er hatte ihn allen versprochen und war also darauf bedacht, wie er allen dreien sein Versprechen halten wollte. Er ließ daher bei einem guten Künstler insgeheim noch zwei andere Ringe fertigen. Diese waren dem ersten so ähnlich, daß er selbst kaum den rechten unterscheiden konnte, und als er zum Sterben kam, gab er jedem seiner Söhne heimlich einen davon.

Nach dem Tode des Vaters verlangte jeder die Erbschaft nebst der Ehre. Da einer dem andern dieselbe verweigerte, brachte jeder seinen Ring hervor zum Beweise, daß er ein Recht darauf habe. Man fand die Ringe einander so ähnlich, daß der rechte nicht zu unterscheiden war. Die Frage, welcher von ihnen der rechtmäßige Erbe des Vaters sei, blieb daher unentschieden und soll auch heute noch unausgemacht sein. […]

Parabel: Kurze, oft lehrhafte Erzählung mit Gleichnischarakter, mit der eine verborgene Wahrheit veranschaulicht werden soll. Im Unterschied zum Gleichnis ist die Geschichte in sich abgeschlossen und könnte inhaltlich auch ohne Bezug auf den verschlüsselten Gedanken erfaßt werden. Zum vollen Verständnis des Textes muß jedoch immer der Kern dessen, was gesagt werden soll, klar sein. Die Textsorte „Parabel" kommt besonders häufig in der jüdischen Literatur vor.

1. Vergleichen Sie die Ringparabel Boccaccios mit Lessings Text. Erläutern und begründen Sie Lessings Änderungen.
2. Schreiben Sie die Zeilen 142–152 in modernes Deutsch um (Prosa).
3. Wie sieht die „wahre" Religion aus?

G. E. LESSING: EINE PARABEL

Der folgende Text ist neben dem Drama „Nathan der Weise" einer der Höhepunkte der Auseinandersetzung zwischen Lessing und Hauptpastor Goeze. Er wurde am 16.3.1778 veröffentlicht.

Ein weiser tätiger König eines großen, großen Reiches hatte in seiner Hauptstadt einen Palast von ganz unermeßlichem Umfange, von ganz besonderer Architektur.

Unermeßlich war der Umfang, weil er in selbem alle um sich versammelt hatte, die er als Gehülfen oder Werkzeuge seiner Regierung brauchte.

5 Sonderbar war die Architektur, denn sie stritt so ziemlich mit allen angenommenen Regeln; aber sie gefiel doch und entsprach doch.

Sie gefiel: vornehmlich durch die Bewunderung, welche Einfalt und Größe erregen, wenn sie Reichtum und Schmuck mehr zu verachten als zu entbehren scheinen.

Sie entsprach: durch Dauer und Bequemlichkeit. Der ganze Palast stand nach vielen, vielen
10 Jahren noch in eben der Reinlichkeit und Vollständigkeit da, mit welcher die Baumeister die letzte Hand angelegt hatten: von außen ein wenig unverständlich; von innen überall *Licht* und *Zusammenhang*.

Was Kenner von Architektur *sein wollte*, ward besonders durch die Außenseiten beleidigt, welche mit wenig hin und her zerstreuten, großen und kleinen, runden und viereckten Fen-
15 stern unterbrochen waren; dafür aber desto mehr Türen und Tore von mancherlei Form und Größe hatten.

Man begriff nicht, wie durch so wenige Fenster in so viele Gemächer genugsames *Licht* kommen könne. Denn daß die vornehmsten derselben ihr *Licht* von oben empfingen, wollte den *wenigsten* zu Sinne.

20 *Man begriff nicht,* wozu so viele und vielerlei Eingänge nötig wären, da ein großes Portal auf jeder Seite ja wohl schicklicher wäre und eben die Dienste tun würde. Denn daß durch die mehreren kleinen Eingänge ein jeder, der in den Palast gerufen würde, auf dem kürzesten und unfehlbarsten Wege gerade dahin gelangen solle, wo man seiner bedürfe, wollte den *wenigsten* zu Sinne. Und so entstand unter den *vermeinten* Kennern mancherlei Streit, den ge-
25 meiniglich diejenigen am hitzigsten führten, die von dem Innern des Palastes viel zu sehen, die wenigste Gelegenheit gehabt hatten.

Auch war da etwas, wovon man bei dem ersten Anblicke geglaubt hätte, daß es den Streit notwendig sehr leicht und kurz machen müsse; was ihn aber gerade am meisten verwickelte, was ihm gerade zur hartnäckigsten Fortsetzung die reichste Nahrung verschaffte. *Man glaubte*
30 nämlich verschiedne alte Grundrisse zu haben, die sich von den ersten Baumeistern des Palastes herschreiben sollten: und diese Grundrisse fanden sich mit Worten und Zeichen bemerkt, deren Sprache und Charakteristik so gut als verloren war.

Ein jeder erklärte sich daher diese Worte und Zeichen nach eignem Gefallen. Ein jeder setzte sich daher aus diesen alten Grundrissen einen beliebigen Neuen zusammen; für welchen
35 Neuen nicht selten dieser und jener sich so hinreißen ließ, daß er nicht allein selbst darauf schwor, sondern auch andere darauf zu schwören, bald beredte, bald zwang.

Randnotizen:

Warum nicht „war"?

man = Kenner

innere Betrachtungsweise: Vernunft und Offenbarung ergänzen sich

Wer sind diese „wenigsten"?

Mission, Glaubenskriege?

Wert durch Wirkung

Nur *wenige* sagten: „Was gehen uns eure Grundrisse an? Dieser oder ein andrer: sie sind uns alle gleich. Genug, daß wir jeden Augenblick erfahren, daß die gütigste Weisheit den ganzen Palast erfüllet und daß sich aus ihm nichts als Schönheit und Ordnung und Wohlstand auf das ganze Land verbreitet."

Sie kamen oft schlecht an, diese *Wenigen*! Denn wenn sie lachenden Muts manchmal einen von den besondern Grundrissen ein wenig näher beleuchteten, so wurden sie von denen, welche auf diesen Grundriß geschworen hatten, für Mordbrenner des Palastes selbst ausgeschrien.

Warum?

Aber sie kehrten sich daran nicht und wurden gerade dadurch am geschicktesten, denjenigen zugesellet zu werden, die innerhalb des Palastes arbeiteten und weder Zeit noch Lust hatten, sich in Streitigkeiten zu mengen, die für sie keine waren.

Einsmals, als der Streit über die Grundrisse nicht sowohl beigelegt als eingeschlummert war – einsmals um Mitternacht erscholl plötzlich die Stimme der Wächter: Feuer! Feuer in dem Palaste!

Und was geschah? Da fuhr jeder von seinem Lager auf; und jeder, als wäre das Feuer nicht in dem Palaste, sondern in seinem eignen Hause, lief nach dem Kostbarsten, was er zu haben glaubte, – nach seinem Grundrisse. „Laßt uns den nur retten!" dachte jeder. „Der Palast kann dort nicht eigentlicher verbrennen, als er hier stehet!"

Und so lief ein jeder mit seinem Grundrisse auf die Straße, wo, anstatt dem Palaste zu Hülfe zu eilen, einer dem andern es vorher in seinem Grundrisse zeigen wollte, wo der Palast vermutlich brenne. „Sieh, Nachbar! hier brennt er! Hier ist dem Feuer am besten beizukommen. Oder hier vielmehr, Nachbar; hier! – Wo denkt ihr beide hin? Er brennt hier! – Was hätt es für Not, wenn er da brennte? Aber er brennt gewiß hier! – Lösch ihn hier, wer da will. Ich lösch ihn hier nicht. – Und ich hier nicht. – Und ich hier nicht!" –

Lichtmetaphorik beachten

Über diese geschäftigen Zänker hätte er denn auch wirklich abbrennen können, der Palast; wenn er gebrannt hätte. – Aber die erschrocknen Wächter hatten ein Nordlicht für eine Feuersbrunst gehalten.

vgl. S. 75 und S. 86.

1. Markieren Sie alle Textstellen, deren Sprachform Ihnen nicht vertraut ist, und versuchen Sie, diese in modernes Deutsch umzusetzen. Diskutieren Sie Ihre Alternativvorschläge.
2. Wie ist der Text gedanklich aufgebaut? Finden Sie Überschriften für die durch Linien abgetrennten Abschnitte.
3. Stellen Sie alle Informationen zusammen, die über den Palast gegeben werden.
4. „Sie gefiel" – „Sie entsprach": Erläutern Sie die Funktion der architektonischen Eigenheiten des Palastes für seinen Sinn als Ganzes.
5. Was wird über die „Kenner" des Palastes gesagt? Was erfährt man über die „wenigen", die eine andere Ansicht vertreten als die „Kenner"? Welche Personengruppen könnte Lessing jeweils meinen?

6. Schreiben Sie Ihre Beobachtungen in zusammenhängender Form nieder. Gehen Sie dabei thematisch vor:
   a) Kurze Zusammenfassung der möglichen Aussageabsicht Lessings.
   b) Darstellung und Erläuterung einzelner Eigenheiten des Palastes in Abhängigkeit von deren tieferem Sinn und Charakterisierung der erwähnten Personengruppen.
   c) Bewertung: Welche religiöse Anschauung wird aus Lessings Text deutlich?

Laokoon, Anakreon und Hanswurst

Gewiß: Der größte Teil des Volkes kümmerte sich auch zur Zeit der Aufklärung nicht um Kunsttheorien oder um neue Konzeptionen des Theaters. Und doch brachte das 18. Jahrhundert einschneidende Veränderungen, auch und gerade im eher unterhaltenden Bereich der Literatur. Jetzt rückte nämlich das Bürgertum als Produzent und Rezipient von Literatur in den Mittelpunkt, wohingegen zur Zeit des Barock der anspruchsvollen, meist für den Hof produzierten Kunst nur die platteste Unterhaltung der breiten Volksschichten in Form der Wanderbühnenstücke gegenüberstand.

vgl. S. 18

EDLE EINFALT, STILLE GRÖSSE

Es ist nur folgerichtig, wenn sich das – bürgerliche – Kunstideal der Aufklärung scharf von dem des Barockzeitalters abgrenzt, denn dies entspricht der Distanzierung des Bürgertums von den Lebensformen des Adels. Zum großen Vorbild des neuen Kunstverständnisses wurde nun die Antike, die man, freilich stark idealisiert, als eine demokratische, eine menschliche Zeit ansah, in der sich der einzelne und die Gesellschaft in seither nie mehr erreichter Form ergänzten und in der Kunst und Literatur eine ausschlaggebende Rolle im gesellschaftlichen Leben spielten. Demokratie und Blütezeit der Kunst hingen eng zusammen. Somit ist die Rückbesinnung auf die Antike nicht etwa ein unreflektiertes Kopieren vergangener Gedanken und Ideale, sondern es geht darum, den „wahren Charakter" der Griechen zu erkennen, um dann in diesem Geist Eigenes zu schaffen, um so langfristig auch die wirklichen sozialen und politischen Verhältnisse zu verändern.
Johann Joachim Winckelmann gilt als der Begründer der deutschen Geschichtsschreibung der antiken Kunst. Als Beispiel für sein Verständnis der Griechen führt er die „Laokoongruppe" an, deren Ruhe, Einfachheit und Erhabenheit seiner Ansicht nach die Schönheit des Kunstwerks ausmachen:

Laokoongruppe von Hagesander, Polydoros und Athanodoros (um 50 v. Chr., Vatikanische Sammlungen)

Das allgemeine vorzügliche Kennzeichen der griechischen Meisterstücke ist endlich eine edle Einfalt und eine stille Größe, sowohl in der Stellung als im Ausdrucke. So wie die Tiefe des Meeres allezeit ruhig bleibt, die Oberfläche mag noch so wüten, ebenso zeigt der Ausdruck in den Figuren der Griechen bei allen Leidenschaften eine große gesetzte Seele. [...] Der Ausdruck einer so großen Seele geht weit über die Bildung der schönen Natur; der Künstler mußte die Stärke des Geistes in sich selbst fühlen, welche er seinem Marmor einprägte.

Lessing: Laokoon oder die Grenzen der Malerei und Poesie

1. Vergleichen Sie die Aussagen Winckelmanns mit der Abbildung.
2. Wie könnten sich „edle Einfalt und stille Größe" im Sinne Winckelmanns in der Dichtkunst äußern? – Verfassen Sie einige programmatische Forderungen.

DAS THEATER DER WANDERBÜHNEN

Friederica Carolina Neuberin.
Zeitgenössischer Holzschnitt

Wanderbühnen haben in Deutschland eine lange Tradition. Die ersten Schauspielertruppen kamen bereits Ende des 16. Jahrhunderts aus England nach Deutschland. Sie brachten stark vereinfachte und gekürzte Stücke der elisabethanischen Bühne mit: sogenannte „Haupt- und Staatsaktionen", die von wichtigen Personen und ihrem meist blutigen Schicksal handelten und die der fremden Sprache wegen von großen Gesten und viel Geschrei getragen waren. Später kamen deutsche Theatergruppen hinzu, die Stücke wurden in deutscher Sprache aufgeführt, an ihrer Qualität änderte sich aber bis zum Anfang des 18. Jahrhunderts nichts: Zerspielte Barockstücke und viel Improvisiertes standen auf dem Programm, und die wichtigste Person war der possenreißende Hanswurst, der die Stücke improvisierend begleitete und „kommentierte". Interessant ist die zwiespältige Einstellung des Bürgertums zum fahrenden Volk jener Zeit: Zum einen genoß man die lustigen Stücke mit den derben Szenen und den Prügeleien, zum andern blieben den Schauspielerinnen und Schauspielern alle bürgerlichen Rechte verwehrt, denn man zählte sie zu den Gauklern, zu den „unehrlichen" Leuten. Dennoch erfuhren diese Schauspielertruppen z.T. regen Zulauf

aus bürgerlichen Kreisen: Verkrachte Studenten, arbeitslose Theologen oder abenteuerlustige Töchter und Söhne wohlhabender Bürgerhäuser zogen gerne einige Jahre mit ihnen durch die Welt. Die bekannteste Gestalt dieser Art ist die Advokatentochter Caroline Weißenborn, spätere Neuber (1697–1760). Sie leitete eine eigene, sehr bekannte Truppe, die sich von der Mehrzahl der anderen darin unterschied, daß die „Neuberin", wie man sie nannte, großen Wert auf eine bürgerliche Lebensführung ihrer Schützlinge legte und daß sie hohe Literatur unter das Volk bringen wollte. In Zusammenarbeit mit Johann Christoph Gottsched (1700–1766), einem Professor für Poetik, versuchte sie, das Theater zu reformieren und dem Publikum klassische Stücke nahezubringen. Dies scheiterte letztendlich daran, daß es zu jener Zeit noch kaum geeignete deutsche Stücke gab und das regelmäßig aufgebaute klassische Drama im strengen Sinne Gottscheds beim Publikum gähnende Langeweile hervorrief. Deshalb sprach sich z.B. Lessing auch stark gegen die Reformversuche Gottscheds aus, denn er fürchtete, daß die deutsche Theaterlandschaft mit französischen Stücken überfremdet würde und dadurch kein aufgeklärtes eigenständiges deutsches Theater entstehen könne.

1. Was wissen Sie über den Spielplan deutscher Tournee-Theater heute?
2. Welches gesellschaftliche Ansehen hat man als Schauspielerin und Schauspieler sowie als Artistin/Artist und Schausteller in unserer Zeit?

Wandernde Komödianten
auf dem Anger,
Ölgemälde von Joseph Stephan,
ca. 1760/70

MORALISCHE WOCHENSCHRIFTEN UND LITERARISCHER MARKT

vgl. S. 55 f.

1713 erschien in Hamburg die erste deutsche moralische Wochenschrift in der Tradition der englischen „moral weeklies" mit dem Titel „Der Vernünfftler". Sie begründete die Neuerscheinung von mehr als 500 (!) Titeln in zum Teil hohen Auflagen. Ihr Einfluß auf die bürgerliche Gesellschaft der Zeit kann nicht hoch genug angesetzt werden, denn diese regelmäßig erscheinenden Schriften waren das Sprachrohr bürgerlichen Denkens und bürgerlicher Wertvorstellungen schlechthin. Sie richteten sich ganz allgemein an das gehobene Bürgertum, in besonderem Maße jedoch an eine zuvor unbedeutende, jetzt aber um so wichtigere Lesergruppe: die neue Schicht der bürgerlichen Leserinnen. Daraus ergeben sich auch Inhalt und Stil der Hefte: Sie waren überwiegend sittlich-lehrhaft gehalten und bestanden aus Hinweisen zur Führung eines bürgerlichen Haushalts, aus Überlegungen zu Fragen der Moral, aus Reisebeschreibungen, Satiren, Fabeln und – aus Leserbrief-Ecken. Auch das war neu: der direkte Bezug zwischen Verfasser und Leserin bzw. Leser. Daneben wurden auch literarische Werke besprochen und so der Leserschaft bekanntgemacht.

Die gesellschaftliche Bedeutung der moralischen Wochenschriften bestand darin, daß das neue Publikum hier eine Artikulationsform gefunden hatte, die es ihm ermöglichte, sich selbst und seine Moral zum Gegenstand von Literatur zu machen und damit an Kontur zu gewinnen, eine eigene Identität zu finden.

In den 60er Jahren des 18. Jahrhunderts begannen die Massenproduktion und der Massenverkauf von Büchern, literarischen Journalen und Kleinschriften. Es trat nicht nur eine Steigerung der Produktion, sondern auch eine Spezifizierung ein. Die angeführten Zahlen […] sind weder exakt, noch entsprechen sie der gesamten Buchproduktion, die bei der Zersplitterung Deutschlands und den vielen Winkeldruckereien statistisch nie erfaßt wurde. Sie lassen aber die Tendenzen der Veränderung deutlich erkennen.

Im Laufe des 18. Jahrhunderts ging die Zahl der Analphabeten von schätzungsweise 80/90% auf 50% zurück; die Zahl der erwachsenen Leser dürfte am Ende des 18. Jahrhunderts bei 10% gelegen haben. Mit den beliebten Almanachen, Vademekums, Not- und Hilfsbüchlein für jedes Geschlecht, jeden Stand und jeden Beruf, mit mannigfaltigen Kalendern und Journalen und besonderer Literatur für Kinder, Jugendliche und Frauenzimmer konnten neue Leserschichten erschlossen werden.

1700:   978 Neuerscheinungen; 57,0 % weltliche Literatur
1750: 1296 Neuerscheinungen; 71,1 % weltliche Literatur
1800: 4012 Neuerscheinungen; 94,0 % weltliche Literatur

Buchproduktion in verschiedenen Stoffgebieten:

	1700	1750	1775	1800
Theologie	421	374	376	234
Philosophie	197	346	645	1357
Geschichte	156	208	307	613
Jura	84	104	117	137
Medizin	59	104	123	191
Musik	34	48	53	117
Poesie	27	113	271	1066

Olaf Reincke (Hrsg.):
O Lust, allen alles zu sein.
Deutsche Modelektüre
um 1800, Leipzig, 1978
(Reclam 756)

1. Interpretieren Sie die statistischen Zahlen, indem Sie sie zueinander in Beziehung setzen.
2. Inwieweit fügen sie sich in das Bild, das Sie sich bisher von der Zeit gemacht haben?

LITERARISCHES ROKOKO (ANAKREONTIK)

Die Lyrik fristet unter den wichtigen literarischen Gattungen der Aufklärung ein Schattendasein, was sicherlich auch damit zu tun hat, daß die Grundhaltung dieser Epoche lehrhaft war. So tragen denn auch die Gedichte der Zeit entweder lehrhafte Züge (z.B. bei Barthold Hinrich Brockes, Albrecht von Haller oder Ewald Christian von Kleist) oder erheben von vornherein nicht den Anspruch, „aufgeklärt" zu sein. Vom Frankreich Ludwigs XIV. ging nämlich eine literarische Strömung aus, die auf die heitere, sinnesfrohe und zuweilen unmoralische Lebensweise des Hofes ein Loblied sang und die sich in Deutschland vermischte mit der sich neu bildenden Tugendvorstellung eines Bürgertums, das gerade im Entstehen begriffen war und nach seiner Identität suchte. Das Ergebnis war eine Synthese von Lebensgenuß und Moral, von Ausgelassenheit und Kleinbürgertum.

Die Verfasser solcher Gedichte bezeichneten sich als „Anakreontiker", weil sie dem Vorbild des griechischen Dichters Anakreon (um 500 v. Chr.) huldigten, der als Meister der ländlich-heiteren Dichtkunst galt. Wichtige Motive sind daher neben Liebe, Wein, Geselligkeit und Freundschaft auch die Natur und die Idylle ländlicher Abgeschiedenheit, die ihren Ausdruck in der sogenannten Schäferdichtung (Bukolik) fand, die den verschwiegenen Ort trauter Zweisamkeit in der freien Natur besang (locus amœnus). Zwar finden sich hier mitunter auch barocke Elemente, die jedoch zu zierlicher Leichtigkeit und Unverbindlichkeit aufgelöst werden und somit nicht mehr die Tiefe des barocken „memento mori"* haben. Zentrum der Anakreontik wurde die Stadt Halle, in der sich ein bekannter Freundeskreis von Studenten zusammentat, der diese Lyrik populär machte. Seine wichtigsten Vertreter waren Johann Wilhelm Ludwig Gleim, Johann Nikolaus Götz und Johann Peter Uz. Ein weiterer Kreis von Lyrikern scharte sich um den Hamburger Dichter Friedrich von Hagedorn.

François Boucher (1703–1770): Badende Grazien

* lat.: Gedenke des Todes!

J. W. L. Gleim
Anakreon

Anakreon, mein Lehrer,
Singt nur von Wein und Liebe,
Er salbt den Bart mit Salben,
Und singt von Wein und Liebe;
5 Er krönt sein Haupt mit Rosen,
Und singt von Wein und Liebe;
Er paaret sich im Garten,
Und singt von Wein und Liebe;
Er wird beim Trunk ein König,
10 Und singt von Wein und Liebe;
Er spielt mit seinen Göttern,
Er lacht mit seinen Freunden,
Vertreibt sich Gram und Sorgen,
Verschmäht den reichen Pöbel,
15 Verwirft das Lob der Helden,
Und singt von Wein und Liebe;
Soll denn sein treuer Schüler
Von Haß und Wasser singen?

Kupferstich, 18. Jahrhundert

Fr. von Hagedorn
Die Küsse

Als sich aus Eigennutz Elisse
Dem muntern Coridon ergab,
Nahm sie für einen ihrer Küsse
Ihm anfangs dreißig Schäfchen ab.

5 Am andern Tag erschien die Stunde,
Daß er den Tausch viel besser traf.
Sein Mund gewann von ihrem Munde
Schon dreißig Küsse für ein Schaf.

Der dritte Tag war zu beneiden:
10 Da gab die milde Schäferin
Um einen neuen Kuß mit Freuden
Ihm alle Schafe wieder hin.

Allein am vierten ging's betrübter,
Indem sie Herd und Hund verhieß*   *versprach
15 Für einen Kuß, den ihr Geliebter
Umsonst an Doris überließ.

J. W. L. Gleim
Einladung zum Tanz

Kein tödliches Sorgen
Beklemmet die Brust!
Mit jeglichem Morgen
Erwach ich zur Lust.
5 Hier unter den Reben,
Die Bacchus gepflanzt,
Mir Schatten zu geben,
Sei heute getanzt!

Kommt, freundliche Schönen,
10 Gesellet euch hier!
Erfüllet die Szenen
Der Freude mit mir.
Laßt alten Betrübten
Geiz, Laster und Pein
15 Und folget Geliebten
In tanzenden Reihn.

Unschuldige Jugend,
Dir sei es bewußt!
Nur Feinde der Tugend
20 Sind Feinde der Lust.
Die Wolken der Grillen*   *trübe Gedanken
Verraten genug
Boshaftigen Willen
Und bösen Betrug.

25 Denn Tugend und Freude
Sind ewig verwandt!
Es knüpfet sie beide
Ein himmlisches Band.
Ein reines Gewissen,
30 Ein ehrliches Herz
Macht munter zu Küssen,
Zu Tänzen und Scherz.

Ihr Faunen, ihr Nymphen!
Es gab euch ein Gott
35 Die Gabe zu schimpfen
Und Mienen zum Spott.
Des Tanzes Verächter
Verachten auch euch!
Ein höhnisch Gelächter
40 Verjage sie gleich.

1. Untersuchen Sie Motive und poetische Mittel der Gedichte, und erläutern Sie diese.
2. Wie sind die Gedichte vor dem Hintergrund ihrer Zeit zu verstehen und zu erklären?
3. Verfassen Sie ein parodistisches „anakreontisches" Gedicht aus unserer Zeit (evtl. ohne Reim). Wie sieht Lebensgenuß heute aus?

Die Frau wird frei geboren ...

Wenn vom Zeitalter der Aufklärung die Rede ist, fallen Stichworte wie „Vernunft", „Emanzipation des Bürgertums", „Familie" oder „Tugend". Gesamtdarstellungen der Epoche erwecken dabei nur zu oft den Eindruck, als handle es sich um eine Zeit, in der – zumindest innerhalb des Bürgertums – Gleichberechtigung der Geschlechter herrschte und autoritäre Strukturen (etwa im Bereich der Erziehung) des dumpfen Barock-Zeitalters überwunden wurden. Zwar war es die Zeit der Aufklärung, in der sich die ersten Frauen für ihr Recht auf Selbstbestimmung und für Gleichberechtigung einsetzten, doch dies darf nicht darüber hinwegtäuschen, daß das Zeitalter in dieser Beziehung noch lange nicht „aufgeklärt" war – ein Indiz dafür ist z. B. die Tatsache, daß noch im Jahr 1775 auf deutschem Boden (Kempten) eine Hexenverbrennung durchgeführt wurde. Andererseits ist bemerkenswert, daß viele Frauen der Zeit ungeheuer viel lasen – vor allem zwar „Erbauungsliteratur", wie z.B. die „Moralischen Wochenschriften", daneben aber auch anspruchsvolle Werke, die dann im kleinen Zirkel besprochen wurden. Es entstand gerade auch unter Frauen eine bis dahin nicht gekannte Briefkultur. An der „ernsten" Wissenschaft sollte die Frau aber weiterhin keinen Anteil haben...

AUFKLÄRUNG ALS MÄNNERSACHE – ZUR ROLLE DER FRAU

Selbstverständlich muß man sich davor hüten, unser heutiges Verständnis von Emanzipation der Frau auf das 18. Jahrhundert zu übertragen. Die Rolle der Frau definierte sich traditionell aus ihrer Aufgabe als Mutter und Hausfrau. „Frau-sein" hieß Ehefrau und Mutter sein, und deren Aufgabe war es, sich dem Manne unterzuordnen und unter seiner Aufsicht für den Haushalt und die Familie zu sorgen. Der öffentliche, wirtschaftliche oder politische Bereich war nicht ihre Sache. Dieses Bild wurde von einer Generation auf die nächste vererbt, und die allermeisten Frauen fügten sich nicht nur in ihr Schicksal, sondern empfanden ihre Situation als völlig normal.

DIE FRAU IM HAUS…

Isabella von Wallenrodt
Über Frauen und Männer*, um 1762

Von Kindheit an hasse ich Weichlichkeit und Unbestimmtheit an dem männlichen Geschlecht, lieber hätte ich, wenn mir keine andere Wahl blieb, als zwischen einem Menschen, der kein Herz hatte und der schwach genug wäre, sich von mir nach Gefallen beherrschen zu lassen, und einem rauhen Mann, von dem ich wol gar Prügel zu befürchten gehabt, den letzten gewählt; ich hätte ein solches Unglück nicht lange vielleicht ertragen, aber doch den Mann, weniger als jenen verachten können. Eben dieser Meinung ist jedes weibliche Geschöpf, das von der Ehre und Zukommenheit der beiden Geschlechter, und von dem, was den Werth eines jeden ausmacht, richtiges Gefühl hat; Weiber◆, welche anders denken, und wol gar mit der Herrschaft über ihre Männer brilliren können, wissen nicht, wie sehr sie diese und sich selbst entehren.

◆ Der Begriff „Weib" ist zur Zeit der Aufklärung wertfrei und hat keinen negativen Beiklang wie heute.

Joachim Heinrich Campe◆
Väterlicher Rat für meine Tochter, 1789
(Auszug)

Das erste und Nötigste, was ich dir, wenn du selbst es nicht schon längst bemerkt haben solltest, zu melden habe, ist: daß das Geschlecht, wozu du gehörst, nach unserer dermaligen Weltverfassung, in einem Zustande der Abhängigkeit und der Unterdrückung lebt und, solange jene Weltverfassung die nämliche bleibt, *notwendig leben muß* [Hervorh. von Campe]. Das ist freilich keine angenehme, aber eine höchst nötige Nachricht, die ich, wenn ich zu deinem großen Schaden dich nicht täuschen wollte, dir nicht verhehlen dürfte. […]
Jede menschliche Gesellschaft, auch die kleinste, die aus Mann und Weib und Kindern besteht, ist ein Körper; und zu jedem Körper gehören Haupt und Glieder. Gott selbst hat gewollt, und die ganze Verfassung der menschlichen Gesellschaften auf Erden, so weit wir sie kennen, ist danach zugeschnitten, daß nicht das Weib, sondern der Mann das Haupt sein sollte.

◆ J. H. Campe (1746 – 1818): bedeutender Kinder- und Jugendschriftsteller und einer der fortschrittlichsten Denker seiner Zeit

Ernst Brandes
Die Weiber*, 1787

Fast immer folgen die Weiber nur den augenblicklichen Eindrücken. Ordnung in Führung der Geschäffte, die aus dem Zusammenhange der Ideen entsteht, fehlt ihnen. Sie wissen keine gehörige Eintheilung zu machen, daher das Umständliche und der Mangel an Leichtigkeit. Dadurch, daß sie von Jugend auf nur zu kleinen häuslichen Details erzogen worden, ist die natürliche Anlage ihres Geistes vermehrt. Sie wissen das wichtige von dem unwichtigen oder minder wichtigen nicht zu unterscheiden …

„FRAUENZIMMERGELEHRSAMKEIT"

Das Rollenverständnis der Aufklärer brachte es mit sich, daß „Gelehrsamkeit" für Frauen als nebensächlich oder gar schädlich angesehen wurde, je nachdem, um welche wissenschaftliche Disziplin es ging. Naturwissenschaften, Jura, Medizin oder Philosophie wurden als gänzlich ungeeignet für Frauen verstanden, denn es galt als erwiesen, daß Frauen von ihren geistigen Anlagen her eher gefühlsmäßig urteilen müssen und somit – sofern sie überhaupt „gelehrt" sein wollten – prädestiniert sind für Fragen der Ästhetik, der Ethik und der Moral. Zwar gab es während des ganzen Jahrhunderts Männer, die der Frau das Recht auf Gelehrsamkeit zusprachen, daneben aber fanden sich immer auch namhafte Aufklärer, die gebildete Frauen diskriminierten, allen voran Immanuel Kant:

> Was die gelehrten Frauen betrifft: so brauchen sie ihre Bücher etwa so wie ihre Uhr, nämlich sie zu tragen, damit gesehen werde, daß sie eine haben; ob sie zwar gemeiniglich still steht oder nicht nach der Sonne gestellt ist.

„Die gute Erziehung", Kupferstich von J. Ph. le Bas nach einem Gemälde von Jean Baptiste Siméon Chardin (1699–1779)

Immanuel Kant
Der Verstand des schönen Geschlechts*, 1764

Das schöne Geschlecht hat eben so wohl Verstand als das männliche, nur es ist ein schöner Verstand, der unsrige soll ein tiefer Verstand sein, welches ein Ausdruck ist, der einerlei mit dem Erhabenen bedeutet... Tiefes Nachsinnen und eine lange fortgesetzte Betrachtung sind edel aber schwer, und schicken sich nicht wohl für eine Person, bei der die ungezwungene Reize nichts anders als eine schöne Natur zeigen sollen. Mühsames Lernen oder peinliches Grübeln, wenn es gleich ein Frauenzimmer darin hoch bringen sollte, vertilgen die Vorzüge, die ihrem Geschlechte eigentümlich sind, und können dieselbe wohl um der Seltenheit willen zum Gegenstande einer kalten Bewunderung machen, aber sie werden zugleich die Reize schwächen, wodurch sie ihre große Gewalt über das andere Geschlecht ausüben...

Adolph von Knigge
Richtiges Verhalten der Frau*, 1788

Ich tadle nicht, daß ein Frauenzimmer ihre Schreibart und ihre mündliche Unterredung durch einiges Studium und durch keusch gewählte Lectur zu verfeinern suche, daß sie sich bemühe, nicht ganz ohne wissenschaftliche Kenntnisse zu seyn; aber sie soll kein Handwerk aus der Litteratur machen; sie soll nicht umherschweifen in allen Theilen der Gelehrsamkeit… Dann sieht sie die wichtigsten Sorgen der Hauswirthschaft, die Erziehung ihrer Kinder und die Achtung unstudierter Mitbürger als Kleinigkeiten an, glaubt sich berechtigt, das Joch der männlichen Herrschaft abzuschütteln, verachtet alle andre Weiber, erweckt sich und ihrem Gatten Feinde, träumt ohne Unterlaß sich in idealische Welten hinein; Ihre Phantasie lebt in unzüchtiger Gemeinschaft mit der gesunden Vernunft; Es geht alles verkehrt im Hause; Die Speisen kommen kalt oder angebrannt auf den Tisch; Es werden Schulden auf Schulden gehäuft; der arme Mann muß mit durchlöcherten Strümpfen einherwandeln; Wenn er nach häuslichen Freuden seufzt, unterhält ihn die gelehrte Frau mit Journals-Nachrichten, oder rennt ihm mit einem Musen-Almanach entgegen, in welchem ihre platten Verse stehen, und wirft ihm höhnisch vor, wie wenig der Unwürdige, Gefühllose den Werth des Schatzes erkennt, den er zu seinem Jammer besitzt.

Johann Daniel Hensel
Aufklärung der Frauen*, 1788

„Wenn man sie zu sehr aufklärte: so würden sie klüger als die Männer werden, oder es doch seyn wollen. Wie wäre dann mit ihnen auszukommen?" Dies ist nun eigentlich der allerlächerlichste Einwurf. Ein wirklich aufgeklärtes und gut erzogenes Frauenzimmer, wird auch Bescheidenheit gelernt haben, und die Schwächen eines Mannes zu verzeihn, zu tragen, oder zu bedecken wissen. Nur ein zweckloser Unterricht, nur eine halbe Aufklärung kann schädlich werden. Und auch hier schadet nicht die Aufklärung, welche wirklich vorhanden ist, sondern die Mangelhaftigkeit, und die unterlassne Vollendung derselben bringen Nachtheil. Sind aber die Männer in der That so schwach oder vielmehr so fehlerhaft, und so unverständig, daß sie so leicht von einem Frauenzimmer übermocht werden können: so ist ihnen kein andrer Rath zu geben, als daß sie durch anhaltenden männlichen Fleis, durch Übung im richtigen Denken, durch nützliche und gute Handlungen und Gesinnungen, und durch desto grössere Klugheit im Betragen, sich achtungswerth machen, und dem schönen Geschlechte die Waage halten müssen. Jener vermeinte Vorwurf aber ist eigentlich ein Lob auf den Scharfsinn der Frauenzimmer. Auch kann ich nicht einsehn was Frauenzimmer für eine Verbindlichkeit auf sich hätten, einfältig, oder doch weniger vollkommen zu bleiben, weil Männer zu faul sind sich in gleichem Maaße und Verhältnisse Vollkommenheiten zu verschaffen.

1. Eine emanzipierte Frau des 18. Jahrhunderts verfaßt ihre Stellungnahme zu zwei bis drei der oben abgedruckten Texte. Zuvor kennzeichnet sie dazu all jene Aussagen, die in ihren Augen bloße Behauptungen sind…

2. Vergleichen Sie die Aussagen des 18. Jahrhunderts mit den gängigen Vorurteilen von heute, und erörtern Sie die Frage, inwieweit sich die Situation der Frau in der Gesellschaft verändert hat. Wie beurteilen Sie die Gleichberechtigung der Frau heute?

ZWEI VON NICHT SEHR VIELEN ...

Trotz aller Versuche der Männerwelt, die Frauen an ihre althergebrachte Tätigkeit in Haus und Hof zu fesseln, gab es im 18. Jahrhundert einige Frauen, die entweder stark genug waren, die Normen zu durchbrechen, oder deren Ausbildung und Erziehung sich von der anderer Frauen unterschied. Oft waren dies Frauen aus der Aristokratie, besonders der französischen, die sich die Freiheit nahmen, ihr Leben selbst zu bestimmen. Aber auch in Deutschland gab es im 18. Jahrhundert berühmte Frauen. Zwar verdanken sie ihren Bekanntheitsgrad häufig nur bedeutenden Männern oder sind Fürstinnen – wie z.B. die deutsche Prinzessin, die als Katharina II. Zarin von Rußland wurde, doch es gab daneben auch Frauen, die sich im künstlerischen Bereich hervortaten: z.B. die Malerin Angelika Kaufmann oder die Schauspielerinnen Corona Schröter und Caroline Neuber. vgl. S. 46
Sucht man jedoch nach der Biographie einer Frau, die das Jahrhundert, in dem sie lebte, ganz besonders treffend widerspiegelt, so ist dies die Lebensgeschichte einer Frau, die zuerst mit dem Dichter Christoph Martin Wieland verlobt war, dann den Kanzler La Roche heiratete und deren Tochter schließlich die Mutter von Bettina und Clemens Brentano war – zwei Namen, die untrennbar mit der deutschen Romantik verbunden sind.

SOPHIE VON LA ROCHE (1730–1807)

Sophie von La Roche galt als Wunderkind. Sie konnte mit drei Jahren lesen und erhielt eine für damalige Verhältnisse ungewöhnlich sorgfältige und vielseitige Ausbildung – und dies, obwohl sie noch elf Schwestern und einen Bruder hatte, die allerdings alle jünger waren als sie. Mit 23 Jahren heiratete sie den kurmainzischen Rat La Roche, mit dem sie acht Kinder hatte, von denen fünf das Erwachsenenalter erreichten. La Roche machte eine steile Karriere, wurde dann aber zum Opfer von Intrigen, was die anfangs sehr wohlhabende Familie an den Rand des finanziellen Ruins brachte. So mußte Sophie von La Roche das wirtschaftliche Überleben der Familie mit ihren literarischen Produktionen sichern, vor allem mit der „Pomona", einem „Magazin für Frauenzimmer", das sich gleich von seiner Gründung im Jahre 1783 an größter Beliebtheit erfreute. Der Inhalt des Magazins entsprach der damals geübten Praxis: Auf zwanglose, unterhaltsame Art sollte den Leserinnen Bildung vermittelt werden. Sehr wichtig war Sophie von La Roche die Kommunikation mit der Leserschaft, und so entstand in „Pomona" bereits eine „Briefkastenecke". Häufige Textsorten waren z.B. Reisebeschreibung, Gedichte, moralische Erzählungen und Briefe. Ihre Berühmtheit erlangte Sophie von La Roche allerdings durch ihren Roman „Geschichte des Fräuleins von Sternheim" von 1771. Er entsprach dem Zeitgeschmack wie kaum ein anderes literarisches Erzeugnis der Zeit, und die Autorin war schon bald fester Bestandteil der deutschen literarischen Szene. Neben alledem fand sie noch Zeit für ausgedehnte Bildungsreisen, die sie, was auch ungewöhnlich war, zwar nicht allein, aber ohne ihren Gatten durchführte. Ihre Erfahrungen im Ausland brachte sie in „Reisetagebüchern" zu Papier, die in den 80er Jahren sehr gerne gekauft wurden.

Sophie von La Roche

Sophie von La Roches Leben war das einer Bürgerlichen, die auf Grund der Tätigkeit ihres Mannes das Hofleben bestens kannte und die sowohl dem Gedankengut der Aufklärung nahestand als auch dem der Empfindsamkeit. Aus diesem Grund war sie auch bekannt mit allen literarischen Größen der Zeit, und es gab kaum einen Dichter, mit dem sie nicht in Briefwechsel stand. So beläuft sich die Zahl der erhaltenen Briefe von ihr und an sie auf über 1600, aber sie wird insgesamt wohl mehrere tausend umfassen.

Pomona

Sophie von La Roche:
Aus dem Reisetagebuch einer Englandreise.
Gedanken angesichts von kostbarem Silberschmuck im Schaufenster eines Londoner Juweliergeschäfts:

Ich stand am Ende stumm und dachte in dem Grund meiner Seele: „Gott, welch einen Unterschied machen Gesetze, Erziehung und Vaterland zwischen dem armen Neger, der das Silber in Peru aus dem Schoß der Erde holt, und dem Europäer, der es bei Geoffrey's zum Kauf stellt? – Beide haben eine unsterbliche Seele, durch göttlichen Hauch belebt, beide zwei Augen und Hände, beide sind zum Leben auf dieser Erde bestimmt. Ach, ich wende mich ab und schweige, bewundere den Anbau der Fähigkeiten unseres Geistes und Körpers und gebe dem Schicksal unserer schwarzen, gelben und braunen Brüder eine Träne, weil diese Fähigkeiten bei ihnen erstickt, erwürgt und zum edlen Großen unbrauchbar gemacht werden.

Georg Popp: Große Frauen der Welt, Würzburg, 1988.
Gisela Brinker-Gabler (Hrsg.): Deutsche Literatur von Frauen, Band 1: Vom Mittelalter bis zum Ende des 18. Jahrhunderts, München, 1988.
Michael Maurer (Hrsg.): Sophie von La Roche. „Ich bin mehr Herz als Kopf". Ein Lebensbild in Briefen. München, 1983 (Bibliothek des 18. Jahrhunderts)

1. Kennzeichnen Sie die Weltanschauung, die aus dem Textausschnitt der Reisebeschreibung zu sprechen scheint, mit zwei Adjektiven, begründen Sie Ihre Ansicht am Text, und diskutieren Sie diese.
2. Vergleichen Sie die Konzeption der „Pomona" mit derjenigen heutiger „Frauenzeitschriften".

Olympe de Gouges, Zeichnung von Pierre Vidal nach einem zeitgenössischen Bildnis

OLYMPE DE GOUGES

Ein völlig anderer Typ als Sophie von La Roche war Olympe de Gouges (1740 –1793), die mit bürgerlichem Namen Marie Aubry hieß. Sie zog nach dem Tode ihres Mannes nach Paris und schrieb dort Theaterstücke und Romane. Dann nahm sie aktiv an den Vorgängen der Französischen Revolution teil und engagierte sich für die Befreiung der Frau aus ihrer sozialen und politischen Rechtlosigkeit. Sie wurde 1793 hingerichtet – ihr Engagement ging den Männern an der Macht wohl zu weit ...

Olympe de Gouges
Erklärung der Rechte der Frau und Bürgerin

Von der Nationalversammlung am Ende dieser oder bei der nächsten Legislaturperiode zu verabschieden.

Präambel
Wir, Mütter, Töchter, Schwestern, Vertreterinnen der Nation, verlangen, in die Nationalversammlung aufgenommen zu werden. In Anbetracht dessen, daß Unwissenheit, Vergeßlichkeit oder Mißachtung der Rechte der Frauen die alleinigen Ursachen öffentlichen Elends und der Korruptheit der Regierungen sind, haben wir uns entschlossen, in einer feierlichen Erklärung die natürlichen, unveräußerlichen und heiligen Rechte der Frau darzulegen, auf daß diese Erklärung, allen Mitgliedern der bürgerlichen Gesellschaft vor Augen, sie unablässig an ihre Rechte und Pflichten erinnert; auf daß die Machtausübung von Frauen ebenso wie jene von Männern jederzeit am Zweck der politischen Einrichtungen gemessen und somit auch mehr geachtet werden kann; auf daß die Beschwerden von Bürgerinnen, nunmehr gestützt auf einfache und unangreifbare Grundsätze, sich immer zur Erhaltung der Verfassung, der guten Sitten und zum Wohl aller auswirken mögen.

Das an Schönheit wie Mut im Ertragen der Mutterschaft überlegene Geschlecht anerkennt und erklärt somit, in Gegenwart und mit dem Beistand des Allmächtigen, die folgenden Rechte der Frau und Bürgerin:

Artikel I
Die Frau ist frei geboren und bleibt dem Manne gleich in allen Rechten. Die sozialen Unterschiede können nur im allgemeinen Nutzen begründet sein. [...]

Artikel IV
Freiheit und Gerechtigkeit bestehen darin, den anderen zurückzugeben, was ihnen gehört. So wird die Frau an der Ausübung ihrer natürlichen Rechte nur durch die fortdauernde Tyrannei, die der Mann ihr entgegensetzt, gehindert. Diese Schranken müssen durch Gesetze der Natur und Vernunft revidiert werden. [...]

Artikel VI
Recht und Gesetz sollten Ausdruck des Gemeinwillens sein. Alle Bürgerinnen und Bürger sollen persönlich oder durch ihre Vertreter an ihrer Gestaltung mitwirken. Es muß für alle das gleiche sein. Alle Bürgerinnen und Bürger, die gleich sind vor den Augen des Gesetzes, müssen gleichermaßen nach ihren Fähigkeiten, ohne andere Unterschiede als die ihrer Tugenden und Talente, zu allen Würden, Ämtern und Stellungen im öffentlichen Leben zugelassen werden.

Artikel X
Wegen seiner Meinung, auch wenn sie grundsätzlicher Art ist, darf niemand verfolgt werden. Die Frau hat das Recht, das Schafott zu besteigen. Sie muß gleichermaßen das Recht haben, die Tribüne zu besteigen, vorausgesetzt, daß ihre Handlungen und Äußerungen die vom Gesetz gewährte öffentliche Ordnung nicht stören.

Artikel XI
Die freie Gedanken – und Meinungsäußerung ist eines der kostbarsten Rechte der Frau, denn diese Freiheit garantiert die Vaterschaft der Väter an ihren Kindern. Jede Bürgerin kann folglich in aller Freiheit sagen: „Ich bin die Mutter eines Kindes, das du gezeugt hast", ohne daß ein barbarisches Vorurteil sie zwingt, die Wahrheit zu verschleiern. Dadurch soll ihr nicht die Verantwortung für den Mißbrauch dieser Freiheit in den Fällen, die das Gesetz bestimmt, abgenommen werden.

Artikel XIII
Für den Unterhalt der Polizei und für die Verwaltungskosten werden von der Frau wie vom Manne gleiche Beiträge erfordert. Hat die Frau teil an allen Pflichten und Lasten, dann muß sie ebenso teilhaben an der Verteilung der Posten und Arbeiten, in niederen und hohen Ämtern und im Gewerbe. [...]

1. Formulieren Sie einen der fehlenden Artikel der Erklärung.

___

2. Markieren Sie die Sätze, die Ihnen besonders wichtig erscheinen, und begründen Sie Ihre Auswahl.
3. Analysieren Sie am Text, wie Olympe de Gouges ihre Forderungen legitimiert.
4. Wie sieht es heute mit den von Olympe de Gouges angesprochenen Rechten in der Praxis aus?

Lessing – eine Biographie des 18. Jahrhunderts

EIN ERFÜLLTES LEBEN?

KAMERA I

Dem Mann ist alles geglückt. Zeitlebens war er der Erste. Immer hatte er Anspruch auf das stolzeste Lebensgefühl, alles aus eigener Kraft zu haben, und diese Kraft spürte er und ließ er andere spüren. Schon als Kind bestand er darauf, „mit einem großen, großen Haufen Bücher" porträtiert zu werden, oder gar nicht. Er hatte das Glück, eine der besten Schulen im damaligen Deutschland zu besuchen, dort durch Scharfsinn, Fleiß und Unerschrockenheit hervorzuragen […] Sein Mut sucht seinesgleichen: Unter den Augen seines Herzogs schreibt er ein Stück gegen Fürstenwillkür und höfische Intrige, die „Emilia Galotti". Als er Wolfenbüttel nach Jahren der Vergrabenheit in der Bibliothek einmal verläßt und Wien besucht, wird er seines gewaltig gewachsenen Ruhmes inne: Die Theater in der Kaiserstadt setzen seine Stücke an, das Publikum schreit sich nach ihm die Kehle aus, die Fürsten reißen sich um seine Tisch-Gesellschaft, und Maria Theresia erbittet seinen Rat.

Lessing (rechts) im Alter von etwa 6 Jahren und sein Bruder Theophilus, Ölgemälde von Gottlieb Habekorn

KAMERA II

Dem Mann ist alles fehlgeschlagen. Nie hatte er Geld, selbst dann nicht, wenn er welches hatte; denn gleich saß ihm die Verwandtschaft auf der Tasche, oder ein Bettler lief ihm über den Weg. […] Als er sich vor den Gläubigern nach Berlin retten will, bricht er auf halbem Weg, in Wittenberg, krank zusammen. Als er endlich nach Berlin kommt, kann er sich vor lauter Abgerissenheit nicht unter die Leute wagen. […] Nicht einmal Geld bringt er aus den fünf Jahren Breslau heim, und die große Bibliothek, die er sich in dieser Zeit erworben hat, muß er wenige Jahre später, um wenigstens seine gröbsten Schulden bezahlen zu können, wieder versteigern lassen. Alles mißlingt, und in Hamburg ist nicht nur der Traum vom Nationaltheater rasch und ärgerlich wieder vorbei, auch der Versuch eines Druckereiunternehmens scheitert kläglich und macht ihn ärmer als je. […] Als er und seine Verlobte, Eva König, nach dreijähriger Trennung von Wien aus gemeinsam nach Norden reisen, […] kommt ein herzoglicher Befehl: Jetzt muß er nach Süden. […] Und als er endlich diese Frau doch noch geheiratet hat, als er sein Glück nicht nur gewagt, sondern auch ein gutes Jahr gekostet hat, stirbt sie im Wochenbett, wenige Tage nach dem Kind.

1. Informieren Sie sich in Bibliotheken über einige Stationen aus Lessings Leben genauer, und stellen Sie diese mit Blick auf die Zeit, in der Lessing lebte, dar (vgl. dazu die Themenvorschläge).
2. Wie bewerten Sie Lessings Biographie? Welcher Bereich dominiert jeweils in den beiden „Kameraeinstellungen"? Welcher hat Lessing wohl mehr geprägt?

1. Auseinandersetzung mit Goeze
2. Lessings Briefwechsel mit seinem Vater
3. Lessing in Hamburg/Wolfenbüttel/etc.
4. Lessing und der Siebenjährige Krieg

LEBENSSTATIONEN UND WICHTIGSTE WERKE LESSINGS

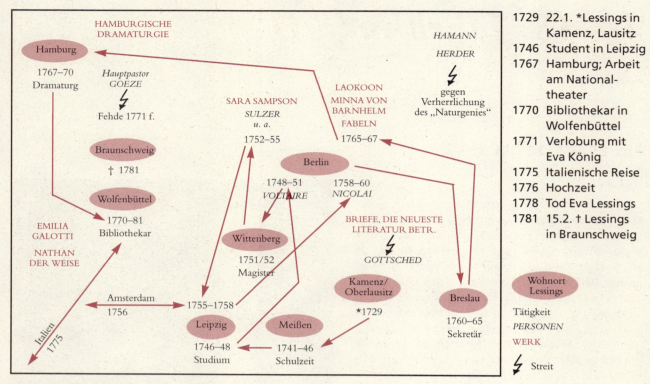

Lebensstationen und wichtigste Werke Lessings

1729	22.1. *Lessings in Kamenz, Lausitz
1746	Student in Leipzig
1767	Hamburg; Arbeit am Nationaltheater
1770	Bibliothekar in Wolfenbüttel
1771	Verlobung mit Eva König
1775	Italienische Reise
1776	Hochzeit
1778	Tod Eva Lessings
1781	15.2. † Lessings in Braunschweig

LESSINGS SELBSTBILD

Als 30jähriger (1760)

Hamburgische Dramaturgie, 19.4.1768

Ich bin weder Schauspieler noch Dichter. Man erweiset mir zwar manchmal die Ehre, mich für den letztern zu erkennen. Aber nur, weil man mich verkennt. Aus einigen dramatischen Versuchen, die ich gewagt habe, sollte man nicht so freigebig folgern. Nicht jeder, der den Pinsel in die Hand nimmt und Farben verquistet, ist ein Maler.[…] Ich fühle die lebendige Quelle nicht in mir, die durch eigene Kraft sich empor arbeitet, durch eigene Kraft in so reichen, so frischen, so reinen Strahlen aufschießt: ich muß alles durch Druckwerk und Röhren aus mir herauf pressen. Ich würde so arm, so kalt, so kurzsichtig sein, wenn ich nicht einigermaßen gelernt hätte, fremde Schätze bescheiden zu borgen, an fremdem Feuer mich zu wärmen und durch die Gläser der Kunst mein Auge zu stärken. Ich bin daher immer beschämt oder verdrüßlich geworden, wenn ich zum Nachteil der Kritik etwas las oder hörte. […] Ich bin ein Lahmer, den eine Schmähschrift auf die Krücke unmöglich erbauen kann.

1. Vergleichen Sie die Biographien auf S. 59 mit den Lebensstationen Lessings. Versuchen Sie, beide Darstellungsformen zu verbinden.
2. Welches Bild hat Lessing von sich selbst?
3. Erläutern Sie, welche Eigenschaften nach Lessing einen wirklichen Dichter im Unterschied zu ihm selbst auszeichnen. Inwieweit entsprechen seine Aussagen der Vorstellung, die man von einem Dichter der Aufklärung hat?

BRIEFE LESSINGS ZUM TOD VON FRAU UND KIND

Mein lieber Eschenburg,
Ich ergreife den Augenblick, da meine Frau ganz ohne Besonnenheit liegt, um Ihnen für Ihren gütigen Anteil zu danken. Meine Freude war nur kurz: Und ich verlor ihn so ungern, diesen Sohn! Denn er hatte so viel Verstand! so viel Verstand! – Glauben Sie nicht, daß die wenigen Stunden meiner Vaterschaft mich schon zu so einem Affen von Vater gemacht haben! Ich weiß, was ich sage. – War es nicht Verstand, daß man ihn mit eisern Zangen auf die Welt ziehen mußte? daß er so bald Unrat merkte? – War es nicht Verstand, daß er die erste Gelegenheit ergriff, sich wieder davon zu machen? – Freilich zerrt mir der kleine Ruschelkopf auch die Mutter mit fort! – Denn noch ist wenig Hoffnung, daß ich sie behalten werde. – Ich wollte es auch einmal so gut haben, wie andere Menschen. Aber es ist mir schlecht bekommen.

[31.12.1777]   Lessing

(Um 1770)

Mein lieber Eschenburg,
Ich kann mich kaum erinnern, was für ein tragischer Brief das kann gewesen sein, den ich Ihnen soll geschrieben haben. Ich schäme mich herzlich, wenn er das Geringste von Verzweiflung verrät. Auch ist nicht Verzweiflung, sondern vielmehr Leichtsinn mein Fehler, der sich manchmal nur ein wenig bitter und menschenfeindlich ausdrückt. Meine Freunde müssen mich nun ferner schon so dulden, wie ich bin. – Die Hoffnung zur Besserung meiner Frau ist seit einigen Tagen wieder sehr gefallen: und eigentlich habe ich itzt nur Hoffnung, bald wieder hoffen zu dürfen. […]

Wolfenb., den 7. Jenner 1778   Ihr ergebenster Freund
Lessing

Eva König

Lieber Eschenburg,
Meine Frau ist tot: und diese Erfahrung habe ich nun auch gemacht. Ich freue mich, daß mir viel dergleichen Erfahrungen nicht mehr übrig sein können zu machen; und bin ganz leicht. – Auch tut es mir wohl, daß ich mich Ihres, und unsrer übrigen Freunde in Braunschweig, Beileids versichert halten darf.

Der Ihrige
Wolfenb., den 10. Jenner 1778   Lessing

Mein lieber Eschenburg,
Gestern morgen ist mir der Rest von meiner Frau vollends aus dem Gesichte gekommen. – Wenn ich noch mit der *einen* Hälfte meiner übrigen Tage das Glück erkaufen könnte, die andre Hälfte in Gesellschaft dieser Frau zu verleben; wie gern wollte ich es tun. Aber das geht nicht: und ich muß nur wieder anfangen, meinen Weg allein so fort zu duseln. […]

Wolfenb., Der Ihrige
den 14. Jenner 1778 Lessing

Ich muß ein einziges Jahr, das ich mit einer vernünftigen Frau gelebt habe, teuer bezahlen. […] Wie oft möchte ich es verwünschen, daß ich auch einmal so glücklich sein wollen, als andere Menschen! Wie oft wünsche ich mir, mit eins in meinen alten isolierten Zustand zurückzutreten; nichts zu sein, nichts zu wollen, nichts zu tun, als was der gegenwärtige Augenblick mit sich bringt!

DIE LETZTEN JAHRE

Lessings Ketzereien und seine gelegentliche Heftigkeit in Kontroversen machten ihn in seinen letzten Jahren einsam. Er hatte einige wenige Freunde in Braunschweig, mit denen er ab und zu zusammenkam, um zu plaudern und Schach zu spielen. Die Kinder seiner Frau wohnten bei ihm in Wolfenbüttel; er ließ ihnen die kleine Erbschaft, die sie hinterlassen hatte, voll zukommen. Doch seine Gegner verleumdeten ihn in ganz Deutschland als ungeheuerlichen Atheisten. Er bot ihnen Trotz und wagte es, sich dem Mann zu widersetzen, der sein Gehalt bezahlte: als Karl Wilhelm Ferdinand 1780, damals Herzog von Braunschweig, einen jungen Juden ins Gefängnis warf, der sich sein Mißfallen zugezogen hatte, besuchte Lessing den Juden im Gefängnis und nahm ihn später in sein Haus auf, um ihn gesundzupflegen.

Mit seiner eigenen Gesundheit war es schlimm bestellt. Sein Augenlicht war so schwach, daß er kaum lesen konnte. Er litt an Asthma, Lungenschwäche und Arterienverhärtung. Am 3. Februar 1781 erlitt er während eines Besuches in Braunschweig einen schweren Asthmaanfall und spuckte Blut. […] Am 15. Februar, als er zu Bett lag, versammelten sich einige Freunde im angrenzenden Zimmer. Plötzlich öffnete sich die Tür, Lessing erschien, gebeugt und schwach, und lüftete grüßend seine Mütze. Dann sank er in einem Schlaganfall zu Boden. Eine theologische Zeitschrift meldete, nach seinem Tode habe Satan ihn zur Hölle getragen wie einen anderen Faust, der seine Seele verkauft hatte. Er hinterließ so wenig Geld, daß der Herzog seine Beerdigung bezahlen mußte.

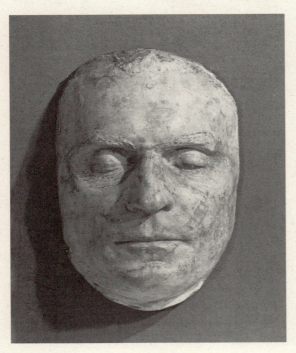

Lessings Totenmaske

 1. Verfassen Sie wahlweise einen Nachruf auf Lessing für eine aufgeklärte oder eine theologische Zeitschrift des 18. Jh.
 2. Sie sollen anläßlich des Todestages Lessings für das Feuilleton einer Tageszeitung eine Würdigung aus heutiger Sicht schreiben…

Menschliches, Alltägliches

ADELSKRITIK UND LEBENSART – FREIHERR VON KNIGGE

Adolph Freiherr von Knigge (1752–1796) gilt gemeinhin als Verfasser einer Sammlung von Benimmregeln, eines Kompendiums des guten Tons. Er war jedoch viel mehr als das: ein unermüdlicher und mutiger Streiter für eine bessere, gerechtere und korruptionsfreie Gesellschaft, die seiner Ansicht nach mit dem aufgeklärten Absolutismus begann, in dem der Herrscher seinem Volk dient und nicht umgekehrt: „Man gestatte einzelnen Ständen und Personen keine Monopole und Privilegien als zum Vorteile der Fleißigern und Tugendhaftern." Knigge hatte sich logischerweise mit zahlreichen Anfeindungen seitens des Adels auseinanderzusetzen und mußte oft sogar fliehen. Er war Romanautor, Theaterdichter, Satiriker, vor allem aber ein kritischer, spöttischer Geist, dessen Bücher zu seinen Lebzeiten verschlungen wurden. Vor allem das Werk „Über den Umgang mit Menschen" (1788) wurde zum Bestseller. Es war *das* Brevier der Zeit, bis dahin ohne Vorbild, trotz des ernsten Inhalts kurzweilig geschrieben, ein Katalog der Erfahrungen seines Lebens. Die letzten Jahre seines Lebens fesselte ihn eine schwere Krankheit ans Bett, doch selbst unter widrigsten Bedingungen schrieb er weiter. Noch in seinem vorletzten Lebensjahr verfaßte er das resignative Resümee seines lebenslangen Einsatzes: „Über Eigennutz und Undank".

Freiherr von Knigge,
Kupferstich von W. Arndt,
um 1796

Man traue nicht zu sehr den freundlichen Gesichtern der mehrsten Großen, glaube sich nicht auf dem Gipfel der Glückseligkeit, wenn der gnädige Herr uns anlächelt, die Hand schüttelt oder uns umarmt! […] Man bleibe mit dieser Gattung Menschen immer in seinen Schranken, mache sich nicht gemein mit ihnen und vernachlässige nie die äussere unterscheidende Höflichkeit und Ehrerbietung, die man ihrem Stande schuldig ist, sollten sie sich auch noch so sehr herablassen! Früh oder spät fällt es ihnen doch ein, ihr Haupt wieder empor zu heben, oder sie verabsäumen uns, wenn ein andrer Schmeichler sie an sich zieht; und dann setzt man sich unangenehmen Demüthigungen aus, die man mit weiser Vorsicht vermeiden kann. […]

vgl. S. 19 ff.,
Darstellung des Adels
bei Lessing

Knigges Werk „Über den Umgang mit Menschen" will den Bürger zu neuer Menschlichkeit erziehen. Es vermittelt keine normierenden Verhaltensregeln, sondern gibt Ratschläge, wie das Zusammenleben vieler verschiedener Menschen am besten funktioniert. Dabei finden sich Hinweise zum Umgang mit Menschen verschiedenster Stände, Temperamente und Situationen: Hauswirte, Freunde, Verliebte, Betrunkene, Adlige, Fremde – sie alle und noch viele mehr tauchen wie in einem bunten Kaleidoskop in dem Buch auf.

Baue überhaupt nicht auf die Freundschaft, Festigkeit und Anhänglichkeit der Großen! Sie achten Dich, so lange sie Deiner bedürfen, sind wankelmüthig, glauben lieber das Böse, als das Gute, und der Letzte hat bey ihnen immer Recht. Bey der mehrsten von ihnen wiegen Politic und Vorsichtigkeit die Freundschaft auf. Sie werden Dir nicht leicht nützliche Winke geben, aus Furcht, daß Du sie compromittiren mögtest. In großen Verlegenheiten werden sie Dich stecken lassen, selbst wenn sie Dich hineingeführt haben.
Nütze aber die Zeit ihrer Gunst, um sie zur Gerechtigkeit, Treue, Wahrheit und Menschenliebe zu ermuntern! Stimme ihnen nicht bey, wenn sie je vergessen wollen: daß sie, was sie sind und was sie haben, nur durch Uebereinkunft des Volkes sind und haben; daß man ihnen diese Vorrechte wieder nehmen kann, wenn sie Mißbrauch davon machen; daß unsre Güter und unsre Existenz nicht ihr Eigenthum, sondern, daß alles, was sie besitzen, unser Eigenthum ist, weil wir dafür alle ihre und der Ihrigen Bedürfnisse befriedigen und ihnen noch obendrein Rang und Ehre und Sicherheit geben und Geiger und Pfeifer bezahlen; endlich, daß in diesen Zeiten der Aufklärung bald kein Mensch mehr daran glauben wird, daß ein Einziger, vielleicht der Schwächste der ganzen Nation, ein angeerbtes Recht haben könne, hundert tausend weisern und bessern Menschen das Fell über die Ohren zu ziehn; daß sie aber ohne Trabanten und Wachen ruhig schlafen können, wenn das dankbare Volk, dessen treue Diener sie sind, sie liebt und für das Wohl der Edeln Segen vom Himmel erfleht. – Es versteht sich, daß diese Wahrheiten einiger Einkleidung bedürfen, wenn sie den verwöhnten Ohren der Großen harmonisch klingen sollen.

vgl. S. 19 ff.,
Darstellung des Adels
bei Lessing

[…] Wir sollen daher so billig seyn, von niemand zu fordern, daß er sich nach unsern Sitten richte, sondern jedermann seinen Gang gehen lassen; denn da jedes Menschen Glückseligkeit in seinen Begriffen von Glückseligkeit beruht; so ist es grausam, irgend Einen zwingen zu wollen, wider seinen Willen glücklich zu seyn.

> Man überlegt selten,
> daß der Mensch schon sehr viel Wert hat,
> der in der Welt nur nichts Böses tut.

1. Knigge schreibt, daß seine „Wahrheiten einiger Einkleidung bedürfen …" – Formulieren Sie diese „Einkleidung"; schreiben Sie Teile von Knigges Text so um, daß sie in „den verwöhnten Ohren der Großen harmonisch klingen".
2. Inwieweit werden die Aussagen Knigges in dem Verhältnis zwischen Prinz und Marinelli widergespiegelt?

3. Erörtern Sie den eingerahmten Satz Knigges.

Die Pflichten gegen uns selbst sind die wichtigsten und ersten, und also ist der Umgang mit unsrer eignen Person gewiß weder der unnützeste, noch uninteressanteste. Es ist daher nicht zu verzeyhn, wenn man sich immer unter andern Menschen umhertreibt, über den Umgang mit Menschen seine eigne Gesellschaft vernachlässigt, gleichsam vor sich selber zu fliehn scheint, sein eigenes Ich nicht cultivirt, und sich doch stets um fremde Händel bekümmert. Wer täglich herumrennt, wird fremd in seinem eignen Hause; Wer immer in Zerstreuungen lebt, wird fremd in seinem eignen Herzen, muß im Gedränge müßiger Leute seine innere Langeweile zu tödten trachten […].

Wer hat uns zu Vormündern auf ewige Zeiten von gewissen Volks-Classen gemacht, ohne Unterschied, ob unter Diesen nicht vielleicht Menschen sind, deren Verstandskräfte die unsrigen weit übertreffen? Noch einmal! unmündig und schwach bleibt freylich der gröste Theil aller Lebendigen; aber dieser Theil besteht nicht grade aus Bauern. Das wäre ja erschreklich, wenn ein ganzer Stand, und zwar der nützlichste im Staate, verurtheilt seyn sollte, ewig dumm und unwissend zu bleiben; und es ist thöricht, zu sagen, man werde an ihm zum Wohlthäter, wenn man ihn in einer Täuschung erhält, bey welcher er sich so übel befindet.
Allein nicht nur ist keine Befugniß, es ist auch keine Möglichkeit da, die Aufklärung zurük-zuhalten; und wenn sie nun einmal, ohne unser Gebet, ihre Fortschritte macht; so ist es die Pflicht Derer, die über so wichtige Gegenstände reiflicher nachgedacht haben, ihren Mitbürgern den Leitfaden zu bessrer Anordnung ihrer Gedanken zu geben – das ist wahrer Schriftsteller-Beruf. Auf diese Weise kann der Gelehrte, wenn er das Bedürfniß seines Zeitalters richtig kennt, Sehr nüzlich werden. Schaden stiften kann er, wenn das, was er sagt, wirklich ächte Wahrheit ist, nie. Kömmt diese Wahrheit zur Unzeit, das heist: calculirt er das Bedürfniß unrichtig; so wird sie nicht erkannt, nicht verstanden, zieht ihm vielleicht Verfolgung zu; aber Unglük kann Der nie stiften, der ächte Wahrheit geltend macht. Sehr viel mehr Unglük stiftet halbe Aufklärung; Verworrenheit in Begriffen. Und jetzt leben wir in einem Zeitalter, das sehr viel Licht verträgt, in welchem man gewisse Wahrheiten nicht zu oft sagen kann.

vgl. S. 14 ff.,
Was ist Aufklärung?

1. Unterstreichen Sie die wichtigsten Sätze des letzten Textes, und geben Sie seine Aussageabsicht in möglichst kurzer Form wieder.
2. Verfassen Sie einen Text „Knigges" in seinem Buch „Über den Umgang mit Menschen". Bedingung: Der Text muß aufklärerisches Gedankengut zeigen.

VERNÜNFTIGE PRÜGEL (DIE „AUFGEKLÄRTE" ERZIEHUNG)

„Ich fürchte, unsere allzu sorgfältige Erziehung liefert uns Zwerg-Obst." Dieser Aphorismus Lichtenbergs beleuchtet schlaglichtartig die Erziehungspraxis des 18. Jahrhunderts. Eigentlich sollte man meinen, daß man in der Aufklärung versuchte, die Kinder und Jugendlichen zu Vernunft, Toleranz und zum eigenen Denken zu erziehen – was heißen würde, daß sie einen gewissen Freiraum erfuhren und als zumindest annähernd gleichberechtigt angesehen wurden. Das Gegenteil war der Fall. Die Erziehung der Zeit war unerbittlich streng, und zwar nicht nur im Bürgertum, sondern auch im Adel. Disziplin war das A und O, und selbst wenn „fortschrittliche" Tendenzen sich gegen die Prügelstrafe aussprachen, so waren doch die dafür vorgesehenen Ersatz-Strafen nicht wesentlich besser dazu geeignet, die Psyche des Kindes zu stärken. Die Kinder wurden nicht in ihrer Eigenständigkeit als kleine Person gesehen, sondern als ungeformte Masse betrachtet, die nach den Vorstellungen ihrer Eltern gestaltet werden konnte und mußte. Allerdings gab es auch wirklich aufgeklärte Stimmen, die eine modernere Form der Erziehung predigten, doch diese blieben die Ausnahme und verhallten ungehört ...

Kupferstich von Daniel Chodowiecki, 1779

J. G. Krüger
Wann ist das Prügeln erfordert (1752)

Meinen Gedanken nach muß man Kinder niemals schlagen wegen Fehlern, die sie aus Schwachheit begehen. Das einzige Laster, welches Schläge verdient, ist die Halsstarrigkeit. Es ist also unrecht, wenn man Kinder wegen des Lernens schlägt, es ist unrecht, wenn man sie schlägt, daß sie gefallen sind, es ist unrecht, daß man sie schlägt, wenn sie aus Versehen Schaden getan haben, es ist unrecht, wenn man sie wegen des Weinens schlägt; aber es ist recht und billig, sie wegen aller dieser Verbrechen, ja wegen noch anderer Kleinigkeiten zu schlagen, wenn sie es aus Bosheit getan haben. Wenn euer Sohn nichts lernen will, weil ihr es haben wollt, wenn er in der Absicht weint, um euch zu trotzen, wenn er Schaden tut, um euch zu kränken, kurz, wenn er seinen Kopf aufsetzt:
Dann prügelt ihn, dann laßt ihn schrein:
Nein, nein, Papa, nein, nein!
Denn ein solcher Ungehorsam ist ebensogut, als eine Kriegserklärung gegen eure Person. Euer Sohn will euch die Herrschaft rauben, und ihr seid befugt, Gewalt mit Gewalt zu vertreiben, um euer Ansehen zu befestigen, ohne welches bei ihm keine Erziehung stattfindet. [...]

K. F. Bahrdt
Wodurch Körperstrafen zu ersetzen sind (1776)

Schläge dulden wir jetzt im Philanthropin♦ gar nicht mehr. Anfangs glaubten wir, daß äußerst harte Bösewichter damit gezwungen werden müßten; aber die Erfahrung lehrte uns, daß gerade diese ihre Ehre darin suchten, in Erduldung ihrer Schläge ebenso stoisch zu sein, als sie in Begehung ihrer Bosheit, frech und trotzig gewesen waren. Hernach kamen wir auf den Einfall, Schläge nur für den zu bestimmen, der seinen Mitbruder geschlagen hatte, um ihn das Wiedervergeltungsrecht empfinden zu lassen. Allein, wir stießen da bald auf edle Gemüter, die für eine so niedrige Behandlung zu gut waren, bald auf so ehrgeizige und empfindliche Seelen, daß wir fürchten mußten, sie dadurch zur Verzweiflung zu bringen.

♦ Erziehungsanstalt, die nach den Grundsätzen der Philanthropie (Menschenliebe) handelt

Der Verfasser plädiert nun dafür, anstelle von Schlägen folgende Strafen einzusetzen: Geldbußen vom Taschengeld oder Erniedrigung. Für letzteres liefert er einen ganzen Katalog von Möglichkeiten, die von Fall zu Fall angewendet werden sollten. Ein paar Beispiele:
• Die Fidel, ein Holz, „welches Kopf und Hände einschließt, ohne zu beschädigen".
• Das Karrenfahren: Der Bestrafte muß stundenlang einen Schubkarren auf und ab fahren.
• Schildwache: Der Junge muß mit einem Schild um den Hals, auf dem sein Vergehen beschrieben wird, „eine oder mehrere Stunden" auf dem Schulhof oder dem Spielplatz stehen.
• Die „eigne Plage": „Wann ein Schüler Ungezogenheiten an sich hat, die nach öfteren Ermahnungen noch immer fortdauern, so zwingen wir ihn, die nämliche Ungezogenheit eine ganze oder halbe Stunde zur Strafe fortzusetzen." […]
• Der Bann: Das Kind bzw. der Jugendliche wird auf einige Zeit von der Gesellschaft ausgeschlossen, und niemand darf mit ihm Kontakt aufnehmen.

Kupferstich von D. C. C. Fleischmann, 1751

G. Chr. Lichtenberg
Sudelbücher

Es wäre der Mühe wert, zu untersuchen, ob es nicht schädlich ist, zu sehr an der Kinderzucht zu polieren. Wir kennen den Menschen noch nicht genug, um dem Zufall, wenn ich so reden darf, diese Verrichtung ganz abzunehmen. Ich glaube, wenn unsern Pädagogen ihre Absicht gelingt, ich meine, wenn sie es dahin bringen können, daß sich die Kinder ganz unter
5 ihrem Einfluß bilden, so werden wir keinen einzigen recht großen Mann mehr bekommen. Das Brauchbarste in unserm Leben hat uns gemeiniglich niemand gelehrt. Auf öffentlichen Schulen, wo viel Kinder nicht allein zusammen lernen, sondern auch Mutwillen treiben, werden freilich nicht so viel fromme Schlafmützen gezogen, mancher geht ganz verloren, den meisten sieht man aber ihre Überlegenheit an. Bewahre Gott, daß der Mensch, dessen
10 Lehrmeisterin die ganze Natur ist, ein Wachsklumpen werden soll, worin ein Professor sein erhabnes Bildnis abdruckt.

vgl. auch S. 51 ff.:
Texte zur Rolle der Frau im
Zeitalter der Aufklärung

Elisa von der Recke
Harte Bestrafung (um 1760)

Ungefähr im 5. Jahre meines Alters, als wir in Mitau waren, sollte ich für eine Unart, deren ich mich nicht mehr erinnere, bestraft werden; indem kamen Fremde, die Strafe unterblieb, doch sagte meine Großmutter: „Warte nur, die Ruthe wird dir schon gegeben werden, sobald die Fremden fort sind." Angst ergriff mich, ich sah umher, niemand war da, schnell kroch ich unter das mit schweren Falbeln♦ besetzte Damastbette meiner Großmutter und freute mich, der Strafe entkommen zu sein. Als der Besuch fort war, rief meine Großmutter mich zur Züchtigung. Unbeweglich still blieb ich unter dem Bette liegen, ich wurde gesucht, man fand mich nicht. […] Bis zum anderen Morgen um 8 Uhr hielt ich still unter dem Bette aus; als meine Großmutter aufstand, kroch ich hervor, und da sie mich erblickte, rief sie: „Die Ruthe her!" Diese war sogleich da, ich erhielt auf der Stelle tüchtige Ruthen, und eine mir sehr viel schmerzlichere Strafe erfolgte noch. Auf einem Bogen Papier schrieb meine Tante Kleist meine Unart auf; dieser Bogen wurde um meine Zobelmütze, die ich trug, gesteckt; so mußte ich mit diesem Bogen Papier den ganzen Morgen bis nach der Tafel bleiben. Um 11 Uhr wurde ich an die große Uhr gestellt, die im Besuchzimmer nahe dem Eßzimmer stand; alle die Gäste, die zur Tafel kamen, sahen sogleich die kleine Sünderin da wie am Pranger, stehen; alle baten meine Großmutter um meine Befreiung; mit kaltem Ernste erwiderte sie: „Acht Tage soll das unartige Kind, das einen solchen Schreck machte, bei Wasser und Brot Schildwache stehen!" Die Bitten der Gäste änderten den Ausspruch nicht.

♦ gekrauster oder gefältelter Kleidbesatz

Anna Amalie, Herzogin von Weimar
Meine Erziehung*, um 1745

Meine Erziehung zielte auf nichts weniger, als mich zur Regentin zu bilden. Sie war, wie alle Fürstenkinder erzogen werden. Diejenigen, die zu meiner Erziehung bestimmt waren, hatten noch selbst nötig, gouverniert zu werden. Eine Person, die sich völlig ihren Leidenschaften überließ, war Die, die ein junges Herz führen sollte. Sie hatte leider viele Leidenschaften, folglich auch viele Launen, die ich allein entgelten mußte.
Nicht geliebt, von meinen Eltern zurückgesetzt, meinen Geschwistern in allen Stücken nachgesetzt, nannte man mich nur den Ausschuß der Natur. Ein feines Gefühl, welches ich von der Natur bekommen hatte, machte, daß ich sehr empfindlich die harte Begegnung fühlte. Es brachte mich öfters zur Verzweiflung, so gar, daß – – –
Durch diese harten Unterdrückungen zog ich mich ganz in mich selbst. Ich wurde zurückhaltend, ich bekam eine gewisse Standhaftigkeit, die bis zum Starrsinn ausbrach. Ich ließ mich mit Geduld schimpfen und schlagen und tat doch so viel wie möglich nach meinem Sinn.

1. Fassen Sie kurz Ihre Eindrücke von der Erziehung im 18. Jahrhundert zusammen. Finden Sie eine Erklärung für den Widerspruch zwischen dem Erziehungsstil der Zeit und deren Idealen?
2. Verfassen Sie einen fiktiven Text zur typischen Erziehungsform unserer Zeit – entweder aus der Sicht eines „Wissenschaftlers" oder aus der eines betroffenen Kindes oder Jugendlichen.

Ursula Voß (hrsg.): Kindheiten. Gesammelt aus Lebensberichten. München, 1980 (dtv1459)
Peter Lahnstein: Report einer „guten alten Zeit". Zeugnisse und Berichte 1750-1805, München, 1977 (dtv 1290)

MARTER UND MENSCHLICHKEIT
(DER STRAFVOLLZUG)

Pranger, Halseisen, Peitsche, Brandmarkung, Verbannung oder Galeere auf Zeit – das alles gehörte zu den üblichen Formen der Strafpraxis bis teilweise ins 19. Jahrhundert. Hinzu kam die Todesstrafe, die in der Regel verstärkt wurde durch zahlreiche Martern: So hackte man vielen Verurteilten eine Hand ab, oder die Zunge wurde ihnen abgeschnitten; andere wurden gerädert, und man zerschlug ihnen die Knochen. Strafen gab es viele, und noch im 18. Jahrhundert lag der Anteil der Todesurteile in der Strafjustiz mancher Gerichtshöfe bei über 10 %. Die Marter war eine genau berechnete Kunst des Schmerzes, eine Verlängerung des Todes, die in den Schreien der Verurteilten den Triumph der Justiz feierte. Der ganze Prozeß vollzog sich bis zum Urteilsspruch geheim und undurchschaubar für die Öffentlichkeit und oft auch für den Angeklagten selbst. Wie der folgende Text über die Hinrichtung eines Vatermörders aus dem Jahre 1757 zeigt, ist die Marter einem Schauspiel vergleichbar, in dem der Verurteilte vor einem großen Publikum schon auf Erden die Schmerzen der Hölle erleiden muß.

Der Polizeioffizier Bouton, ein Augenzeuge des Geschehens, schreibt in seinem Bericht folgendes:

Dann nahm ein Scharfrichter, die Ärmel bis über die Ellenbogen hinaufgestreift, eine etwa anderthalb Fuß lange, zu diesem Zweck hergestellte Zange aus Stahl, zwickte ihn damit zuerst an der Wade des rechten Beines, dann am Oberschenkel, darauf am rechten Ober- und Unterarm und schließlich an den Brustwarzen. Obwohl dieser Scharfrichter kräftig und robust war, hatte er große Mühe, die Fleischstücke mit seiner Zange loszureißen; er mußte jeweils zwei- oder dreimal ansetzen und drehen und winden; die zugefügten Wunden waren so groß wie Laubtaler. Bei diesem Zangenreißen schrie Damiens sehr laut, ohne freilich zu lästern; danach hob er das Haupt und besah sich. Derselbe Scharfrichter nahm nun mit einem Eisenlöffel aus einem Topf die siedende Flüssigkeit, die er auf jede Wunde goß. Darauf knüpfte man dünne Stricke an die Seile, die an die Pferde gespannt werden sollten.

Obwohl man sechs Pferde anspannt, schaffen diese es nicht, das Opfer zu zerreißen. Man schneidet ihm deshalb das Fleisch von den Gliedmaßen:

[Schließlich] zogen die Scharfrichter Messer aus ihren Taschen und schnitten die Schenkel vom Rumpf des Körpers ab; vier Pferde rissen nun mit voller Kraft die Schenkel los: zuerst den der rechten Seite, dann den andern; dasselbe wurde bei den Armen gemacht, und zwar an den Schultern und an den Achselhöhlen; man mußte das Fleisch beinahe bis zu den Knochen durchschneiden; die Pferde legten sich ins Geschirr und rissen zuerst den rechten Arm und dann den andern los. Nachdem diese vier Teile abgetrennt waren, kamen die Beichtväter zu ihm und wollten mit ihm sprechen; aber der Scharfrichter sagte ihnen, er sei tot, obwohl ich in Wahrheit gesehen habe, wie der Mann sich bewegte und wie der Unterkiefer auf und nieder ging, als ob er spräche. Einer der Scharfrichter sagte sogar, daß er noch am Leben gewesen sei, als sie den Rumpf des Körpers aufgehoben hätten, um ihn auf den Scheiterhaufen zu werfen.[...]

In der zweiten Hälfte des 18. Jahrhunderts beginnen sich grundlegende Veränderungen in der Justiz abzuzeichnen. Der öffentliche Strafvollzug tritt als Zeremoniell der Strafe, als körperliche Sühne für begangene Verbrechen, zunehmend in den Hintergrund, und das Verhältnis von Öffentlichkeit und Geheimhaltung beginnt sich umzudrehen. Jetzt werden der Prozeß und das Urteil immer häufiger öffentlich, die Vollstreckung tritt dagegen in den Hintergrund.
Wortführer und wichtigster Veteter der Rechtsreformer war der Italiener Cesare Beccaria. Seine Gedanken unterschieden sich grundlegend von der bisherigen Praxis der Justiz und des Strafvollzugs, und Beccaria war bald schon ein berühmter Mann. Die Aufklärung

war zwar überall und auf vielen Gebieten auf dem Vormarsch, doch im Bereich der Gerichtsbarkeit lag noch vieles im argen. Beccarias Verdienst ist es, die Gedanken der Aufklärung auch auf diesem Gebiet angesiedelt zu haben. Die Ideen der Reformer hatten z. T. durchschlagenden politischen Erfolg. So beeinflußten Beccarias Gedanken z.B. ein neues toskanisches Gesetzbuch sowie die Gesetzbücher, die Joseph II. für Österreich und Katharina II. für Rußland ausgaben. In letzterem sind einige Passagen sogar wörtlich von Beccaria übernommen. Dennoch ist festzuhalten, daß sich die alte monarchische Justiz trotz aller Reformen in einigen Ländern noch bis weit ins 19. Jahrhundert hinein hielt.

Kupferstich aus dem Jahre 1769

Aus der bloßen Betrachtung der bislang dargelegten Wahrheiten ergibt sich klar, daß der Zweck der Strafen nicht darin besteht, ein mit Empfindung begabtes Wesen zu quälen und zu kränken noch ein bereits begangenes Verbrechen ungeschehen zu machen. [...] Der Zweck der Strafen kann somit kein anderer als der sein, den Schuldigen daran zu hindern, seinen Mitbürgern abermals Schaden zuzufügen, und die anderen davon abzuhalten, das gleiche zu tun. Diejenigen Strafen also und diejenigen Mittel ihres Vollzugs verdienen den Vorzug, die unter Wahrung des rechten Verhältnisses zum jeweiligen Verbrechen den wirksamsten und nachhaltigsten Eindruck in den Seelen der Menschen zurücklassen, für den Leib des Schuldigen hingegen so wenig qualvoll wie möglich sind.

Ihr wollt Verbrechen vorbeugen? Dann sorget dafür, daß die Gesetze klar und einfach sind, die ganze Macht der Nation sich auf ihre Verteidigung konzentriert und kein Teil dieser Macht auf ihre Zerstörung verwendet wird. Sorget dafür, daß die Gesetze weniger die Klassen der Menschen begünstigen als die Menschen schlechthin. Sorget dafür, daß die Menschen

die Gesetze, und sie allein, fürchten. Die Furcht vor dem Gesetz ist heilsam, doch verhängnisvoll und trächtig von Verbrechen ist die Furcht von Mensch zu Mensch. Geknechtete Menschen sind genußsüchtiger, ausschweifender, grausamer denn freie Menschen. […]
Ihr wollt den Verbrechen vorbeugen? Dann sorget dafür, daß die Aufklärung mit der Freiheit Hand in Hand gehe. Die aus dem Wissen erwachsenden Übel stehen im umgekehrten Verhältnis zu seiner Verbreitung und das Gute in geradem Verhältnis zu ihr. Ein kühner Betrüger, der stets ein außergewöhnlicher Mensch ist, gewinnt die Hingabe eines unwissenden, dagegen den Spott eines aufgeklärten Volkes.

… jeder Akt der Herrschaft eines Menschen über einen Menschen, der nicht aus unausweichlicher Notwendigkeit folgt, ist tyrannisch. Dies also ist es, worauf das Recht des Herrschers zur Bestrafung von Verbrechen gegründet ist: auf die Notwendigkeit, das Verwahrnis des öffentlichen Wohls gegen partikulare Anmaßung zu verteidigen; und um so gerechter sind die Strafen, je heiliger und unverletzlicher die Sicherheit und je größer die Freiheit ist, welche der Herrscher für die Untertanen wahrt. […]
Die erste Folgerung aus diesen Grundsätzen ist, daß allein die Gesetze die Strafe für die Verbrechen bestimmen können, und diese Befugnis kann nur dem Gesetzgeber zustehen, der die gesamte durch einen Gesellschaftsvertrag vereinigte Gesellschaft repräsentiert; kein Beamter kann, denn auch er ist Teil der Gesellschaft, gerechterweise über ein anderes Mitglied der Gesellschaft, der er angehört, Strafen verhängen. Aber eine über das vom Gesetz bestimmte Maß hinausgehende Strafe ist eine gerechte Strafe zuzüglich einer weiteren Strafe; daher darf ein Beamter, unter welchem Vorwand des Eifers oder des öffentlichen Wohls es auch sei, die für einen verbrecherischen Bürger festgesetzte Strafe nicht erhöhen.
Die zweite Folgerung besteht darin, daß, wenn jedes einzelne Glied mit der Gesellschaft verbunden ist, diese gleicherweise mit jedem einzelnen Glied durch einen Vertrag verbunden ist, der seiner Natur nach beide Teile verpflichtet. Diese Verpflichtung, welche vom Thron bis zur Hütte reicht und in gleicher Weise den größten und den elendesten unter den Menschen bindet, bedeutet nichts anderes, als daß es das Interesse aller ist, die für die größte Zahl nützlichen Verträge zu achten. Die Verletzung auch nur eines einzigen ist der erste Schritt zur Anarchie. Der Souverän, der die Gesellschaft selber repräsentiert, kann nur allgemeine, alle Mitglieder verpflichtende Gesetze geben; aber er kann nicht bereits darüber urteilen, ob jemand den Gesellschaftsvertrag verletzt hat. Sonst würde nämlich die Nation sich in zwei Teile spalten, der eine verteten vom Souverän, welcher die Verletzung des Vertrages behauptet, und der andere vom Angeklagten, der diese Verletzung bestreitet. Es ist somit nötig, daß ein Dritter über die Wahrheit des Sachverhalts befindet. So also ergibt sich die Notwendigkeit einer Behörde, deren Entscheidungen keine Berufung zulasssen und in bloßer Behauptung oder Verneinung von Einzeltatsachen bestehen.

1. Fassen Sie in eigenen Worten zusammen, wozu die Folter dienen sollte.
2. Sie sind Zensorin/Zensor eines bedeutenden deutschen Fürsten und haben Beccarias Ausführungen zu überprüfen. Welche Sätze streichen Sie als gefährlich an? Warum? Was würde Hettore Gonzaga, Prinz von Guastalla, zu Beccarias Ansicht sagen?
3. Kant macht sich Notizen zu Beccarias Texten …
4. Zeigen Sie, inwieweit Beccarias Aussagen aufklärerische Züge tragen, und erklären Sie ihren politischen Charakter.
5. Erkennen Sie aktuelle Bezüge zu unserer heutigen Zeit?

Freilich hatte auch der „aufgeklärte" Strafvollzug seine dunkle Seite: Verstärkt wurden nämlich diejenigen Teile der Gesellschaft ausgegrenzt, die nicht in das Schema der „vernünftigen" Menschen passen wollten und – aus welchen Gründen auch immer – sich außerhalb der bürgerlichen Norm bewegten. So kam es, daß man nicht nur verurteilte Verbrecher und Geisteskranke bzw. jene, die dafür gehalten wurden, unterschiedslos zusammensperrte, sondern auch Menschen, die sich nur Kleinigkeiten zuschulden kommen ließen und die dann oft wirklich kriminell oder gar geisteskrank wurden. Der französische Wissenschaftler Michel Foucault zitiert in seinen Ausführungen dazu den französischen Aufklärer Mirabeau und dessen Sohn (Zitate hier kursiv gedruckt) und schreibt:

 Gabriel Honoré Mirabeau 1749-1791: frz. Staatsmann, vom Dritten Stand in die Generalversammlung gewählt, Mitglied und später Präsident der Nationalversammlung. M. kannte die Methode der Staatsgefängnisse aus eigener Erfahrung; er war fünf Jahre inhaftiert.

„Ich beobachte, daß die meisten der Wahnsinnigen, die in den Arbeitshäusern und Staatsgefängnissen eingeschlossen sind, es erst geworden sind, die einen durch übermäßig schlechte Behandlung, andere durch den Schrecken der Einsamkeit." […]
Mirabeau, Freund der Menschen, ist gegenüber der Internierung ebenso streng wie gegenüber den Internierten selbst. Für ihn ist keiner der in den berühmten Staatsgefängnissen Eingeschlossenen unschuldig, aber ihr Platz ist nicht in jenen kostspieligen Häusern, in denen sie ein unnützes Leben führen. Warum schließt man *„Freudenmädchen, die in den Manufakturen der Provinz Arbeitsmädchen werden können"*, darin ein? Warum befinden sich dort *„Verbrecher, die nur die Freiheit erwarten, daß man sie aufhängt. Warum sind jene an bewegliche Ketten Angeschmiedeten nicht mit solchen Arbeiten beschäftigt, die für freiwillige Arbeiter ungesund sein können? Sie wären ein gutes Beispiel […]"*. Wenn man diese ganze Bevölkerung aus den Internierungshäusern herausnähme, wer bliebe dann darin? Doch nur diejenigen, die nirgendwo sonst untergebracht werden können und mit vollem Recht dorthin gehören: *„Einige Staatsgefangene, deren Verbrechen nicht bekannt werden dürfen, und außer diesen alte Leute, die den ganzen Ertrag der laufenden Arbeit ihres Lebens in Schlemmerei und Verschwendung aufgebraucht und stets die ehrgeizige Aussicht gehabt haben, im Hospital zu sterben, sollten ruhig dort eingesperrt werden."* Schließlich noch die Wahnsinnigen, die irgendwo verkommen müssen: *„Sie können überall vegetieren."* Mirabeaus Sohn läßt seine Gedanken in die entgegengesetzte Richtung laufen: *„[…] Ich könnte fragen, warum man junge Leute, die gefährliche Dispositionen haben, mit Männern zusammenläßt, die sie sehr schnell bis zum schlimmsten Grad der Verderbnis bringen […]. Was die Wahnsinnigen anbetrifft, kann man ihnen ein anderes Los wünschen? Sie sind weder vernünftig genug, um nicht eingeschlossen zu werden, noch gehorsam genug, um nicht als Verbrecher behandelt zu werden; es ist nur zu wahr, daß man vor der Gesellschaft diejenigen verbergen muß, die den Gebrauch der Vernunft verloren haben."*

1. Charakterisieren Sie die Denkweise, die sich hinter den zeitgenössischen Aussagen verbirgt.
2. Fassen Sie in möglichst kurzer Form die positiven wie auch die negativen Erscheinungsformen der spezifisch aufklärerischen Denkweise zusammen.

KÖRPER UND GEIST (HYGIENEVORSTELLUNGEN)

Es war im 18. Jahrhundert durchaus nicht üblich, ein Bad zu nehmen. Sauberkeit sollte erreicht werden, indem man des öfteren (d. h. bestenfalls einmal die Woche) die Wäsche wechselte. Den ganzen Körper warmem Wasser auszusetzen galt sogar als nicht ungefährlich, weil man glaubte, daß das in die Poren eindringende Wasser unvorhersehbare Wirkungen nach sich ziehen könnte. Lediglich in höchsten Adelskreisen kam es vor, daß man ein Bad nahm – meist jedoch nicht aus Gründen der Sauberkeit, sondern um damit eine verfeinerte, exklusive Kultur zu demonstrieren und das sinnliche Empfinden anzusprechen. Maréchal de Richelieu schreibt in seinen Erinnerungen 1793 über eine Begebenheit aus dem Jahre 1742, bei der die Mätresse des Königs das Bad zu einer geradezu frivolen Zeremonie macht, an der die Höflinge beteiligt werden:

Madame de Chateauroux nötigte den König, ihr bei ihren Bädern Gesellschaft zu leisten, und der Herrscher brachte auch die Höflinge herbei, wobei er selber den Salon betrat, jene bei halboffener Tür im Zimmer warten ließ und mit ihnen Konversation machte. Nachdem Madame de Chateauroux aus dem Bade gestiegen war, begab sie sich ins Bett, aß dort zu Mittag, und alle kamen dann in ihr Gemach.

Die gehobensten bürgerlichen Kreise versuchten mitunter zwar, den Adel auch in dieser Hinsicht nachzuahmen, doch das blieb die Ausnahme. Ab etwa 1760 entwickelte sich eher eine gegenläufige Bewegung im Bürgertum: Kaltes Wasser galt jetzt als abhärtend und sollte körperlich wie moralisch festigen. Damit wurde gezielt ein Gegensatz zu der im Adel praktizierten „Verweichlichung" durch warme Bäder formuliert.
Parallel dazu lehnte die bürgerliche Welt Kosmetika wie Parfüm oder Puder als Teile einer gekünstelten äußeren Aufmachung ab, zu der z. B. auch die Perücke gehörte.
Um die Hygiene im öffentlichen Bereich war es indessen bis zum Ende des Jahrhunderts schlecht bestellt. Zum Teil erst weit nach 1800 begann man mit Maßnahmen, den Gestank auf Straßen und Plätzen zu bekämpfen. Interessant dabei ist, daß tatsächlich primär der Gestank als krankmachend galt und weniger der ihn verursachende Unrat.
Oberflächlich betrachtet, scheint ein Widerspruch vorzuliegen, wenn einerseits die Bürger verstärkt auf saubere Kleidung und guten Geruch achteten, andererseits aber bis ins 19. Jahrhundert hinein den Inhalt ihrer Nachttöpfe einfach aus dem Fenster kippten (in Stuttgart beispielsweise wurde diese Praxis offiziell 1790 verboten) und es auch als völlig normal ansahen, wenn ganze Viehherden durch die Stadt getrieben wurden. Die Erklärung ist jedoch einfach: Reinlichkeitssymbole wie weiße Wäsche o. ä. waren Teile einer geselligen Kultur und gehörten einfach zum gepflegten Erscheinungsbild. Wir dürfen sie aber genausowenig wie das Waschen mit kaltem Wasser als Ausdruck eines verbesserten Hygienebewußtseins verstehen. Ein grundlegender Umdenkungsprozeß in diese Richtung begann erst gegen Ende des Jahrhunderts und damit nach der Epoche der Aufklärung …

Morgentoilette eines französischen Adligen, Kupferstich nach einer Zeichnung von J. M. Moreau le Jeune, 1784

A. Corbin
Pesthauch und Blütenduft

Kupferstich von Hendrik Bary

Als der junge Rousseau die Hauptstadt [gemeint war Paris] betritt, schlagen ihm die widerwärtigen Dunstschwaden des Faubourg Saint-Marcel entgegen. Im Justizpalast, im Louvre, in den Tuilerien, im Museum, ja sogar in der Oper „wird man verfolgt von den ekligen Gerüchen und Gestänkern der Bedürfnisanstalten". In den Gärten des Palais-Royal „weiß man im Sommer nicht, wo man sich hinsetzen soll, ohne den Geruch von abgestandenem Urin zu atmen". Die Quais reizen den Geruchssinn bis zum Übelwerden; der Kot sammelt sich überall, in den Alleen, am Fuß der Schlagbäume, in den Droschken. Die Kloakenentleerer verpesten die Straßen; um sich den Weg zum Schindanger zu sparen, kippen sie die Tonnen einfach in den Rinnstein. […] Doch die Hauptstadt ist keine Ausnahme. Auch in Versailles befindet sich die Kloake gleich neben dem Palast. „Die schlechten Gerüche im Park, in den Gärten und sogar im Schloß selbst erregen Übelkeit. Die Zuwege, die Innenhöfe, die Nebengebäude und die Korridore sind voller Urin und Fäkalien; am Fuß des Ministerflügels schlachtet und brät ein Fleischverkäufer jeden Morgen seine Schweine; die Avenue de Saint Cloud ist bedeckt mit moderndem Schlamm und toten Katzen …"; die Kühe lassen ihre Fladen in der großen Galerie; der Gestank macht auch vor der Tür des königlichen Schlafzimmers nicht halt. […]

Man muß sich vor Augen halten, daß das Schloß Versailles keine Fäkaliengruben oder gar etwas Ähnliches wie eine Toilette hatte. Dies war nicht etwa ein Mangel, sondern wurde als Luxus verstanden: Man verzichtete auf stinkende Gruben im Schloß. Und es war gleichfalls ein Zeichen von Luxus, daß man es sich leisten konnte, in jedem Raum, in jeder Ecke des Schlosses seine Notdurft zu verrichten. Man hatte genügend dienstbare Geister, deren ausschließliche Aufgabe es war, die übelriechenden Reste zu beseitigen. Diesen Gepflogenheiten kam die damalige Mode des Reifrocks im übrigen sehr entgegen, und so war es nicht unüblich, sein „Geschäft" selbst in Gesellschaft zu verrichten. Ähnliche Verhältnisse wie in Paris herrschten übrigens auch in Deutschlands größeren Städten. Über die Verhältnisse auf dem Land schreibt der Historiker Peter Lahnstein folgendes:

Es sei an dieser Stelle […] ein Wort über die Abortverhältnisse gesagt. Das Bauernvolk machte das im Freien ab oder winters, ohne Rücksicht aufs liebe Vieh, im Stall; Klosetthäuschen gab es bisweilen, über eine Art Hühnerleiter zu erreichen, über dem Misthaufen, der ja auch in den Städten häufig war. Oder es gab eine finstere Gelegenheit in der Ecke des Hofs.

1. Aufklärung und Hygiene – fassen Sie zusammen.

Die Aufklärung im Zwielicht?

Der Affe. Ein Fabelchen (1784)

Ein Affe stekt' einst einen Hain
Von Zedern Nachts in Brand,
Und freute sich dann ungemein,
Als er's so helle fand.
„Kommt Brüder, seht, was ich vermag;
„Ich, – ich verwandle Nacht in Tag!

Die Brüder kamen groß und klein,
Bewunderten den Glanz
Und fingen alle an zu schrein:
Hoch lebe Bruder Hans!
„Hans Affe ist des Nachruhms werth,
„Er hat die Gegend aufgeklärt.

U. Im Hof
Das Erbe der Aufklärung*

An sich schien die Aufklärung zu Ende zu sein, als die Zuckungen der Französischen Revolution in den Imperialismus Napoleons übergingen und als 1815 der Wiener Kongreß die Restauration der alten vorrevolutionären Zustände einläutete. Aber man konnte dennoch so vieles nicht mehr rückgängig machen. Selbstverständlich waren für aufgeschlossenere Konservative wie für gemäßigte Radikale Grundsätze der religiösen Toleranz, der Freiheit der Menschenrechte, der Mündigkeit des Menschen, der kritischen Methode des Denkens. Anderes mußte zurückbuchstabiert werden: Der einseitige Kult der Vernunft sowie der naive Glaube an den immerwährenden Fortschritt. Die zwei Weltkriege, der Faschismus, der Nationalsozialismus und der Stalinismus brachten schließlich ein Erwachen voller Grauen. Trotz solchen Rückschlägen blieb Hoffnung. Und wenn Hoffnung, dann immer noch im Rückgriff auf die Aufklärung des 18. Jahrhunderts, in eine Welt von Vorfahren, deren Bilder wir noch besitzen und deren Bücher wir noch in die Hand nehmen können. So weit zurück liegt diese Zeit doch nicht, die Zeit, in welcher soviel Hoffnung wach geworden war. […]
Im Grunde war die Menschheit durch die Aufklärungsbewegung überfordert worden. Dieses neuartige, starke Licht blendete allzusehr, kam oft allzu rasch und unvermittelt in die barocke Dunkelheit hinein. Eine Elite von Denkern und Aristokraten war der oft naiven Meinung, es genüge der Appell an die ratio, um der Menschheit segensreiche Erkenntnisse schmackhaft zu machen. Es gab zwar Länder und Regionen, wo man damit in der Regel auf Verständnis stieß und wo man ohne harten Bruch die besonders auf sozialem Gebiet notwendigen Reformen vorbereiten und durchführen konnte, in andern aber war die Aufgabe viel schwerer, und die aufgeklärte Elite war sich in ihrer Ungeduld zu wenig bewußt, welche Widerstände man nun erst recht aufschreckte. Dennoch bleibt man bis heute beeindruckt von der Summe von Intelligenz, die in diesem Jahrhundert hervorbricht und ohne deren Wirksamkeit ein menschliches Dasein in Dumpfheit und – sagen wir es offen – in Dummheit ungestört hätte weitervegetieren können.

1. Stellen Sie Errungenschaften und Rückschläge der Epoche einander gegenüber.
2. Wie sähe eine „aufgeklärte" Welt heute aus? – Entwerfen Sie einen Text, der auch utopisch oder satirisch sein darf.

Karl Jaspers
Richtig und falsch verstandene Aufklärung*

a) Die Forderungen der Aufklärung richten sich gegen Blindheit des fraglosen Fürwahrhaltens;
b) gegen Handlungen, die nicht bewirken können, was sie meinen – wie magische Handlun-
c) gen –, da sie auf nachweislich falschen Voraussetzungen beruhen; gegen das Verbot des ein-
d) schränkungslosen Fragens und Forschens; gegen überkommene Vorurteile. Aufklärung for-
e) dert unbegrenztes Bemühen um Einsicht und ein kritisches Bewußtsein von der Art und
Grenze jeder Einsicht. […]

Kurz: Aufklärung ist – mit Kants Worten – der „Ausgang des Menschen von seiner selbstverschuldeten Unmündigkeit". Sie ist zu ergreifen als der Weg, auf dem der Mensch zu sich selbst kommt.

Aber die Ansprüche der Aufklärung werden so leicht mißverstanden, daß der Sinn der Aufklärung zweideutig ist. Sie kann wahre und sie kann falsche Aufklärung sein. Und daher ist der Kampf gegen die Aufklärung seinerseits zweideutig. Er kann – mit Recht – gegen die falsche, oder – mit Unrecht – gegen die wahre Aufklärung sich richten. Oft vermengen sich beide in eins.

a) Im Kampf gegen die Aufklärung sagte man: sie zerstöre die Überlieferung, auf der alles Le-
b) ben ruhe; sie löse den Glauben auf und führe zum Nihilismus; sie gebe jedem Menschen die
c) d) Freiheit seiner Willkür, werde daher Ausgang der Unordnung und Anarchie; sie mache den
e) Menschen unselig, weil bodenlos.

Diese Vorwürfe treffen eine falsche Aufklärung, die selber den Sinn der echten Aufklärung nicht mehr versteht. Falsche Aufklärung meint alles Wissen und Wollen und Tun auf den bloßen Verstand gründen zu können (statt den Verstand nur als den nie zu umgehenden Weg der Erhellung dessen, was ihm gegeben werden muß, zu nutzen); sie verabsolutiert die immer partikularen Verstandeserkenntnisse (statt sie nur in dem ihnen zukommenden Bereich sinngemäß anzuwenden); sie verführt den einzelnen zum Ausspruch, für sich allein wissen und auf Grund seines Wissens allein handeln zu können, als ob der Einzelne alles wäre (statt sich auf den lebendigen Zusammenhang des in Gemeinschaft in Frage stellenden und fördernden Wissens zu gründen); ihr mangelt der Sinn für Ausnahme und Autorität, an denen beiden alles menschliche Leben sich orientieren muß. Kurz: Sie will den Menschen auf sich selbst stellen, derart, daß er alles Wahre und ihm Wesentliche durch Verstandeseinsicht erreichen kann. Sie will nur wissen und nicht glauben.

Wahre Aufklärung dagegen zeigt zwar dem Denken und dem Fragenkönnen nicht absichtlich, von außen und durch Zwang, eine Grenze, wird sich aber der faktischen Grenze bewußt. Denn sie klärt nicht nur das bis dahin Unbefragte, die Vorurteile und vermeintlichen Selbstverständlichkeiten, sondern auch sich selber auf. Sie verwechselt nicht die Wege des Verstandes mit den Gehalten des Menschseins. Diese zeigen sich der Aufklärung zwar erhellbar durch einen vernünftig geführten Verstand, sind aber nicht auf den Verstand zu gründen.

1. Markieren Sie alle Sätze des Textes, die Ihnen unklar sind, und klären Sie diese im Gespräch.
2. Vervollständigen Sie die Skizze auf Seite 77 zum gedanklichen Aufbau des Textes. Die Ziffern am Rande des Textes helfen Ihnen dabei.
3. Schreiben Sie nun, ohne auf den Text zu schauen, nieder, welches seine zentralen Aspekte sind und was der Verfasser aussagen möchte.

4. Gibt es heute noch Erscheinungsformen der „wahren" Aufklärung? – Erörtern Sie diese Frage, und nennen Sie Beispiele.

GLIEDERUNG DES TEXTES VON JASPERS

1 FORDERUNGEN DER AUFKLÄRUNG

a) _____

b) _____

c) _____

d) _____

e) _____

Mißverständnis

Weg des Menschen zu sich selbst

2 VORWÜRFE

a) _____

b) _____

c) _____

d) _____

e) _____

2a „FALSCHE AUFKLÄRUNG"

1) _____

2) _____

3) _____

4) _____

Fazit: _____

statt

3 „WAHRE AUFKLÄRUNG"

1) _____

2) _____

3) _____

Zusammenfassung: _____
_____

G. Grass
Der Traum der Vernunft

[…] Die Unterschrift „Der Traum der Vernunft erzeugt Ungeheuer" hat Goya einer Aquatinta-Radierung beigegeben, die einen über seinem Schreibwerkzeug schlafenden Mann zeigt, hinter dem Nachtgetier, Eulen und Fledermäuse flattern und ein Raubtier lagert: fast Luchs, noch Katze. Doch da das spanische Wort für Traum auch Schlaf bedeuten kann, könnte der Untertitel des beängstigenden Bildes auch heißen: „Der Schlaf der Vernunft erzeugt Ungeheuer." Und schon ist der Streit entfesselt, tritt das Elend der Aufklärung zutage, sind wir beim Thema.

Zweierlei Tätigkeit wird bildhaft der Vernunft unterstellt: Indem sie träumt, gebiert sie Ungeheuer, ihre Träume sind Ungeheuer – oder: weil die Vernunft schläft, ist den nächtlichen Ungeheuern Freiraum gegeben, macht sich Unvernunft breit, wird das mühsame Werk der Aufklärung überschattet, mit Dunkelheit überzogen, zunichte. Die erste Deutung spricht für sich: Die Vernunft, des Menschen besondere, ihn auszeichnende Gabe, ist gleichwohl fähig, sobald sie träumt, Ungeheuer, sprich, erschreckende Visionen und Utopien als Schreckensherrschaften zu entwerfen. Vergangenheit und Gegenwart bestätigen diese Deutung, denn alle bis heute wirksamen Ideologieentwürfe sind Träume aufklärender Vernunft und haben – hier als Verelendung produzierender Kapitalismus, dort als mit Zwang herrschender Kommunismus – ihre Ungeheuerlichkeit bewiesen.

Die zweite Deutung wirft Fragen auf, die, sobald sie beantwortet werden, neue Fragen hecken. Etwa: Darf die Vernunft, weil sie schlafend den Ungeheuern, also dem Irrationalismus, das Feld überläßt, niemals schlafen? Natürlich nicht, sagen wir. Wo kommen wir hin, wenn die Vernunft schläft. Nie wieder darf die Vernunft schlafen, darf uns die Vernunft einschlafen. Wehret den Anfängen! Nicht einmal ermüdet blinzeln darf sie. Eine allzeit wache Vernunft fordern wir als gebrannte Kinder einer Epoche, in der die Vernunft schlief und das Ungeheuer, Faschismus genannt, geboren wurde.

Dennoch gibt die Gegenfrage nicht Ruhe: Was ist das für eine Vernunft, die nicht schlafen, den Traum nicht zulassen darf? Ist diese immerwache Vernunft nicht gleichfalls schrecklich und taghellel Ungeheuerlichkeiten fähig? Wird diese Vernunft, die aufklären, erhellen, erleuchten soll, nicht letzten Endes – und schon tut sie es – uns alle durchleuchten, durchsichtig, gläsern, erfaßbar machen, auf daß wir ohne Geheimnis und Nachtseite sind? Hat nicht diese überwache, sich wissenschaftlich nennende Vernunft den vormals weitgefaßten Begriff von Fortschritt auf technisches Maß, auf einzig das technisch Machbare reduziert? Eine Vernunft, die nicht schlafen darf, die mittlerweile, selbst wenn sie schlafen wollte, Schlaf nicht mehr fände, eine schlaflose Vernunft gibt kaltes Licht und macht frösteln; dabei wären Träume vonnöten, Nachtflüge der Einbildungskraft und Märchen, aus deren Getier – Fledermaus, Eule und Luchs – gleichwohl Vernunft spräche. […] Das Fortschreiben der Aufklärung setzt Zukunft voraus. Selbst wenn sich Kraft fände, ihren vernutzten Zustand wieder aufzuputzen, ihr Elend zu schmälern, bliebe dennoch die Zukunft in weiten Bereichen von Zerstörungsprozessen besetzt, die allesamt vernunftbestimmt sind. Annähernd aufgezehrt oder ruiniert ist die Zukunft: ein Abschreibeprojekt.

1. Fassen Sie Grass' Deutung des Bildes so knapp wie möglich zusammen.
2. Welche der beiden von Grass genannten Gefahren scheint Ihnen die größere zu sein? Welcher Version schließen Sie sich an?
3. Gibt es noch eine dritte Möglichkeit der Deutung?
4. Inwieweit deckt sich die Ansicht von Grass mit Jaspers' Thesen?

F. Goya
El sueño de la razón produce monstruos
Der Traum der Vernunft gebiert Ungeheuer

Radierung und Aquatinta, 1797/98

Günter Kunert
Aufklärung I

Daß die Aufklärung gescheitert sei, ist eine um sich greifende Erkenntnis, bald vermutlich eine Binsenweisheit, ohne daß generell klar würde, worin denn dieses Scheitern bestünde. Die Frage danach erfordert keineswegs viele Antworten: Die erste, vielleicht paradox klingende, würde heißen: An ihrem Erfolg.

Sie ist eigentlich ihr eigenes Opfer. Nachdem sie mit Vehemenz Gott und die Götter von der Weltbühne vertrieben, den Glauben zersetzt, die „Infame"◆ entmachtet und mittels ihrer Wissenschaftlichkeit alle Phänomene, die wir Selbst- und Ichsüchtigen immer auf uns bezogen, als Naturerscheinungen entlarvt hat, so daß am Ende die Spielfläche von Illusionen, Phantasmen, Aberglauben, Irrtümern und Unvernünften frei war, blieb nur noch die leere Kulisse. Die Aufklärung hatte verabsäumt, anstelle der von ihr ausgelöschten oder zerstörten Glaubensbilder, der ahnungsvollen Deutungen, der Visionen und Träume etwas anderes zu setzen und somit das metaphysische Bedürfnis, das den Schwund seiner Objekte immer überlebt, sich selbst überlassen: Ein dürstendes Geschöpf, dem die Quelle versiegt war.

Es scheint, daß dieses freischweifende, kein Ziel mehr findende ungestillte Verlangen nach Transzendenz jenes unbekannte Unbehagen, jene innere Trostlosigkeit hervorruft, von der gegenwärtig viele befallen sind. Aber die Aufklärung, stolz über ihr Vernichtungswerk, zeigt sich nicht nur außerstande, es als solches zu begreifen, sondern auch, das entstandene Vakuum wieder aufzufüllen. Dem irrationalen Verlangen des Menschen ist sie nicht gewachsen; sie, deren Grundlage die Naturwissenschaften in all ihren Formen war und ist, wäre daher, sogar bei Einsicht in ihr Versagen, nicht fähig, die abgeräumten Podeste mit „besseren" Göttern zu versehen: Das ist ihr sui generis* nicht gegeben. So steht sie vor einem selbstverursachten Scherbenhaufen und kann nicht ersetzen, was sie abgeschafft hat, und muß sich nun deswegen anklagen lassen. So berechtigt und wohl auch unvermeidlich ihre destruktive Arbeit gewesen ist, die Notwendigkeit, auf den freien Plätzen etwas Neues zu begründen, besteht weiter: Vermutlich wird aus den Krämpfen der Sinnlosigkeit und Langeweile etwas geboren werden, das eine ferne zweite Aufklärung, da die erste sich diskreditiert* hat, kaum mehr beseitigen könnte. Das Sinken der Tötungshemmung, den Schwund der Gewissen allerorten muß sich die Aufklärung als ihren letzten Triumph zuschreiben lassen.

◆ „Écrasez l'infame" (zerschlagt die Niederträchtige) war ein berüchtigter Slogan Voltaires in seiner Offensive zunächst gegen Papst und Kirche, dann gegen die Übel der Religion allgemein.

* von Natur aus

* sich selbst in Verruf gebracht

1. Formulieren Sie in eigenen Worten die Vorwürfe Kunerts an die Aufklärung. Was erwartet er von dieser Geistesbewegung?
2. Verfassen Sie einen Brief von Karl Jaspers an Günter Kunert, in dem er auf Kunerts Haltung eingeht; zuvor macht er sich jedoch Randnotizen…

Die Epoche und ihr Umfeld

KRITIK AM ADEL
Aufbegehren bürgerlicher Kräfte gegen Willkür und Lebensweise des Adels sowie gegen soziale Mißstände; die Kritik am Adel wird entweder direkt oder indirekt formuliert – ersteres war überaus gefährlich und führte in aller Regel zu Sanktionen. Die Kritik mündete indessen nie in Aufforderung zur Rebellion; Ziel war vielmehr der aufgeklärte Absolutismus bzw. die Freiheit des Bürgers zur Selbstverwirklichung.

EMANZIPATION
Verstand als Mittel, soziale und politische Zusammenhänge zu durchleuchten, zu erkennen und zu verändern; Ziel: Aufbau einer besseren Gesellschaft mit bürgerlichem Werte- und Normensystem. Aktive Vermittlung von Menschlichkeit, Tugend, Gefühl, Vernunft etc. – je nach literarischer Richtung – als Grundpfeiler bürgerlicher Weltanschauung.

RÜCKZUG
Innerlichkeit als ideologischer Zielpunkt; nicht politische Veränderung und aktive Teilnahme am Prozeß dorthin stehen im Mittelpunkt, sondern das eigene Ich. Innerlichkeit als Programm eines Bürgertums, das zwar der höfischen Welt ein eigenes Wertesystem gegenüberstellt, dieses jedoch nur punktuell auf das eigene Ich und die Familie begrenzt. Subjektivismus als Reaktion auf die Erfahrung der eigenen politischen Machtlosigkeit.

FLUCHT
Aufbau einer mit bürgerlichen Werten veredelten Gegenwelt zur Realität – entweder im utopischen Bereich (z. B. Schikaneder: Die Zauberflöte; Schnabel: Insel Felsenburg; Heinse: Ardinghello) oder in der Idylle (Schäferdichtung, Bukolik); in letzterer Vermischung von (vermeintlich) adeliger Lebensweise und bürgerlichem Tugendideal.

IMITATION DES ADELS
Die bürgerlichen Positionen werden bewußt aufgegeben zugunsten der Übernahme adeliger Privilegien und Lebensformen; oftmals Kauf von Adelstiteln durch wirtschaftlich erstarktes Bürgertum („Geldadel"); dadurch allmähliche Vermischung der Schichten.

DEUTSCHE LITERATUR DES 18. JAHRHUNDERTS
(Aufklärung, Anakreontik, Empfindsamkeit, Sturm und Drang, Weimarer Klassik)

PHILOSOPHISCHE, SOZIAL- UND GEISTESGESCHICHTLICHE EINFLÜSSE

Frankreich:
J.-J. Rousseau: Zurück zur Natur
D. Diderot: Enzyklopädie
Voltaire: Religionskritik

England:
A. Smith: Freie „Marktwirtschaft"
D. Hume: Erkenntniskritik
J. Locke: Sensualismus
Th. Hobbes: Das Wohl des Volks

Niederlande:
R. Descartes: Ich denke, also bin ich.
H. Grotius: Naturrecht
B. de Spinoza: Gott und Natur

Deutschland:
Chr. Wolff: Vernünftige Gedanken...
G. W. Leibniz: Monadenlehre

WICHTIGE LITERARISCHE ERZEUGNISSE DES AUSLANDS

L. Sterne: A Sentimental Journey through France and Italy. *Lessing übersetzte „sentimental" mit „empfindsam" und gab damit einer ganzen literarischen Richtung ihren Namen.*

J. Swift: A Tale of a Tub, Gulliver's Travels. *Swift, ein genialer Satiriker, spottete über Konfessionen, Kirche und Politik und ergriff Partei für die von England unterdrückten Iren.*

G. Lillo: The London Merchant. *Erstes bürgerliches Trauerspiel der modernen Literatur.*

J. F. Marmontel: Contes moraux; Ch. de Laclos: Les liaisons dangereuses. *„Bestseller" der Zeit: Frivolität und Moralität in einem.*

Comédie larmoyante: *sog. „weinerliches Lustspiel": beliebte Komödien mit rührenden und traurigen Elementen, z. B. „Rührstücke" von Chr. F. Gellert oder Chr. F. Weisse.*

LITERARISCHER MARKT

Lesegesellschaften: In der Mitte des 18. Jahrhunderts traten sog. Lesezirkel auf, in denen Bücher und Zeitschriften unter einer größeren Anzahl fester Mitglieder nach einem best. Schema weitergereicht wurden. Daraus entwickelten sich dann die Lesebibliotheken, die einen festen Teilnehmerkreis und eine gesellschaftseigene Bibliothek hatten, aus der die Bücher entliehen werden konnten. Die Mitglieder kamen vor allem aus dem gehobenen Bürgertum.

Zeitschriften: Neben den „Moral. Wochenschriften" (vgl. S. 48) entstanden sog. „Gelehrte Zeitschriften", die neue Publikationen vorstellten und sich an alle „Gelehrten" richteten.

Die deutsche Aufklärung ist nicht nur eine Epoche der Literatur, sondern eine gesellschaftliche Bewegung, die in ihrem geschichtlichen und gesamteuropäischen Zusammenhang gesehen werden muß. Die Entwicklungen des 18. Jahrhunderts wurden von einigen bedeutenden Philosophen vorbereitet und geprägt, die im folgenden vorgestellt werden.

Descartes, René (1596–1650): Philosoph und Mathematiker. Ausgangspunkt seiner Philosophie ist der Zweifel (dubito ergo cogito = Ich zweifle, also denke ich), und er weist der Vernunft (lat. ratio) eine zentrale Rolle in der Philosophie zu („Rationalismus"). Aus dem Zweifel begründet sich dann sogar die Existenz des eigenen Ichs: cogito ergo sum (Ich denke, also bin ich). Das Selbst-Bewußtsein des denkenden Subjekts ist also die Basis aller Philosophie.

Diderot, Denis (1713–1784): führender Kopf der „Enzyklopädisten", einer Gruppe von Literaten und Wissenschaftlern, die zw. 1751 und 1772 eine 28bändige Enzyklopädie herausbrachten, die das gesamte Wissen der Zeit auf den Gebieten der Natur, Technik, Kunst, Politik und Wirtschaft sowie alle autoritäts- und kirchenkritischen Tendenzen zusammenfaßte.

Grotius, Hugo (1583–1645): holländischer Jurist und Theologe: Das Recht steht über dem Staat. Das natürliche Recht, das aus der gottgegebenen Natur des Menschen folgt, bindet nicht nur den einzelnen, sondern auch die Staaten. Damit wird Grotius zum Begründer des Völkerrechts.

Hobbes, Thomas (1588–1679): Der Mensch erfährt nicht die Dinge an sich, sondern macht sich nur seine Vorstellung davon. Wahrheit bezieht sich also nur auf Aussagen, nicht auf die Dinge, wie sie wirklich sind. In seiner Staatsphilosophie vertritt H. die Ansicht, der Staat solle die Institution darstellen, die den Willen aller verkörpere, der sich denn auch alle zu unterwerfen haben.

Hume, David (1711–1776): Begründer der empirischen Untersuchungsmethode; sieht die Erkenntnismöglichkeiten des Menschen als begrenzt. Hält in seiner Staatstheorie eine Ordnung für erforderlich, die Sicherheit und Frieden gewährleistet. Ihr hat sich der einzelne zu unterwerfen.

Leibniz, Gottfried Wilhelm (1646–1716): Universalgelehrter; reduziert alle Dinge auf elementare Substanzen: Monaden, von denen jede mit jeder andern in Beziehung steht.

Locke, John (1632–1704): einer der Hauptvertreter des engl. Empirismus (Philosophie, die die Erfahrung zur Grundlage macht). In seiner Staatsphilosophie fordert Locke die Gewaltenteilung und gesteht dem Volk das Recht der Revolution zu, wenn der Herrscher die Gesetze verletzt. L. fordert staatliche Toleranz in bezug auf die Religionsausübung.

Rousseau, Jean-Jacques (1712–1778): R. fordert die Rückkehr des Menschen zur Natur, nachdem Kultur und Zivilisation diesen zum „entarteten Tier" gemacht hätten. Er verteidigt die Rechte des Empfindens gegenüber dem Verstand.

Smith, Adam (1723–1790): Begründer einer Wirtschaftstheorie, nach der die freie, nicht durch Staatseingriff beeinträchtigte Ausübung des Eigennutzes das beste Mittel zur Steigerung des allgemeinen Wohlstandes ist, weil sie zur richtigen Arbeitsteilung führt.

Spinoza, Baruch de (1632–1677): „Gott ist die schaffende Natur (natura naturans), und alles, was ist, ist durch ihn geworden (natura naturata)." Gott äußert sich also durch die Prozeßhaftigkeit, die Entwicklung des Seins; er ist nicht mit der sichtbaren, materiellen Natur gleichzusetzen, sondern eher mit dem ihr innewohnenden dynamischen Prinzip. In seinen theologischen Schriften fordert Spinoza die Garantie von Gedankenfreiheit als Grundlage für inneren Frieden im Staat.

Voltaire (François Marie Arouet, 1694–1778): einflußreichster Dichter und Philosoph seiner Zeit; unermüdlicher Streiter für religiöse Toleranz, Gerechtigkeit und Menschenrechte; bekämpft vor allem den Dogmatismus der Religionen als Wurzeln von Intoleranz und Verfolgung. Sieht Gott als Schöpfer der natürlichen Ordnung, der aber, nachdem er die Welt einmal geschaffen hat, nicht mehr in deren Entwicklungsprozeß eingreift (Deismus). Eine vernünftige Religion fördert nach V. die Moral, die historischen Religionen bestehen aber zum großen Teil aus Aberglauben und sind deshalb auszurotten. „Écrasez l'infâme" (zerstört die Niederträchtige) heißt deshalb sein Schlachtruf.

Wolff, Christian (1679–1754): Weiterführung der Gedanken von Leibniz; oberstes Ziel der Politik ist die allgemeine Wohlfahrt.

Rätselhaftes

DIE HAND DER GERMANISTIKSTUDENTIN

Die intelligente, bildhübsche und reiche Germanistikstudentin Marbella Streich-Strapinski hat drei Verehrer und hat alle drei gleich lieb. Da sie aus einer alten Literatenfamilie stammt – ihr Vater ist Literaturprofessor, ihre Mutter gefeierte Autorin –, beschließt sie, ihre Hand dem würdigsten der drei Studenten zu reichen. Wer dies sein wird, darüber soll ein Brief über die Epoche der Aufklärung Klarheit bringen. Dieser Brief steckt voller inhaltlicher Fehler. Die Fehlerzahl gibt die Uhrzeit, ihre Quersumme den Monat und die Addition von beiden (abzüglich des Tages von Lessings Geburt) das Datum jenes Tages an, da sie vor dem Rathaus einer ehrwürdigen Stadt warten wird, um denjenigen der drei zu treffen, dem sie binnen Wochenfrist ihre zarte Hand schenkt …
Der Wohnort des Absenders verrät die gesuchte Stadt. Leider sind die Angaben beim unvorsichtigen Öffnen des Briefs z. T. unleserlich geworden:

M. M.
Fabrikinspektor und Privatgelehrter
Mecklenburgische Str. 53
Berlin

Der Brief liest sich wie folgt:

Leipzig, im Februar 1981

Liebe Mutter, lieber Vater,
ich sitze hier in Leipzig, Lessings ehrwürdiger Geburtsstadt, in einem Café an einem wackligen dreibeinigen Tisch und denke freudig an die ersten Wochen meines Germanistikstudiums zurück. Ich belege Seminare zur Literatur und Philosophie der
5 *„Aufklärung", was sich in diesem Semester besonders deshalb anbietet, weil derzeit die Gedenkfeierlichkeiten zu Lessings 200. Todestag sind. Genau 50 Jahre ist er nur alt geworden, und doch hat er so viel geleistet! Man denke nur etwa daran, daß er im selben Jahr, als in Kempten die letzte Hexe auf deutschem Boden verbrannt wurde (1775), den Mut hatte, sich mit dem Klerus in Gestalt des Hamburger Hauptpastors*
10 *Goeze anzulegen. Sein berühmtes Drama „Nathan der Weise", der Endpunkt dieser Auseinandersetzung, hat es mir besonders angetan. Nathan, das ist ja eigentlich die Gestalt seines besten Freundes, des Verlegers Friedrich Nicolai, den er mit dem Stück verewigte. Im Theater wurde gestern die „Emilia Galotti" gegeben. Heinz Buhmann spielte Otto, den Vater der Emilia. Vor allem bei dessen Mahnung zur Nächstenlie-*
15 *be: „Es eifre jeder einer freien Liebe nach!" ging ein Schauder durch das ehrwürdige Haus. Und bei der Szene, in der Emilia schließlich Nachricht vom Tod ihres geliebten Grafen Marinelli erhält und sich daraufhin selbst umbringt, blieb kein Auge trocken.*

Überhaupt wird die Epoche der „Aufklärung" hier stark gewürdigt. Heute steht z. B. eine Neuinszenierung des Stückes „Die Juden" von Moses Mendelssohn, dem damaligen Vorsitzenden der Berliner Judengemeinde, auf dem Programm, und morgen gibt es ein Konzert mit Werken des typischsten Komponisten der Zeit, nämlich Daniel Chodowiecki. Daneben finden zahlreiche Lesungen statt, so z. B. aus Werken von Sophie von La Roche, einer der bedeutendsten Schriftstellerinnen jener Zeit, deren Briefroman „Das Fräulein von Tellheim" internationalen Ruhm erlangte. Interessant sind auch die verschiedenen Ausstellungen zu den Lebensformen im 18. Jahrhundert. Sie machen dem Betrachter richtig bewußt, welche Leistung es war, in dieser trüben Zeit gewissermaßen das Licht der „Aufklärung" anzuzünden und durch die Menge zu tragen – was, wie der Literaturprofessor und Aphoristiker Lichtenberg sagte, nicht ging, ohne daß man dem einen oder andern den Bart sengte. Man stelle sich vor: Zu Lebzeiten Lessings war es auch in den Städten völlig normal, den gefüllten Nachttopf durchs Fenster auf die „Straße" zu schütten. Und Folter war noch an der Tagesordnung. Aufgeklärte Rechtsphilosophen wie der Italiener Beccaria blieben ohne jeden Einfluß. Auch mit der Gleichberechtigung der Frau war es nicht weit her, sosehr sich aufgeklärte Köpfe wie I. Kant auch für eine weitestgehende Emanzipation der Frau stark machten.

Die Gemäldegalerie macht eine Sonderausstellung zum 18. Jahrhundert, und die Bilder sind weitere Mosaiksteinchen, die Epoche kennenzulernen. Es ist schon erstaunlich, wie sehr die „Aufklärung" in ihrer Ästhetik dem Zeitalter des Barock gleicht, und auch die Gemälde des Rokoko ähneln in ihren Motiven manchmal den Werken des späten Barock – so z. B. die Idyllen, auf denen sich spärlich bekleidete Götter (und Sterbliche) der Festlichkeiten in der freien Natur erfreuen. Im Zentrum der Galerie steht aber die Laokoongruppe, eine Skulptur des Bildhauers Winckelmann, die als Inbegriff des ästhetischen Ideals der „Aufklärung" gilt, weil der Schmerz, der Haß, die Ohnmacht der Personen im Kampf gegen eine übermächtige Schlange sehr deutlich in ihrer prallen Mimik und Gestik zum Ausdruck kommen.

Soviel für heute. Die Epoche fasziniert mich im übrigen so sehr, daß ich beschlossen habe, meine Facharbeit zum Thema „Die Nachwirkungen der Französischen Revolution auf die Literatur der Aufklärung" zu schreiben. Das gibt sicher ein wichtiges Buch.

Seid mir alle recht herzlich gegrüßt, auch Tante Amalie,
    Eure
    Marbella

---

1. Wie viele Fehler finden Sie in dem Brief? Welche? – Können Sie alle verbessern?
2. Wo und wann ist der Treffpunkt des Paares?

AUFKLÄRUNG IN SILBEN

an / ana / apho / auf / bel / bel / berg / bren / bu / büh / der / el / fa / frei / haupt / herr / im / *hu*
ke / klä / ko / kre / le / li / lich / lik / lis / ma / ma / ma / mo / mus / mus / na / na / nel / nen / *ni*
no / no / nu / on / pa / pa / po / ra / ra / ranz / ri / ring / ris / rung / si / spi / stor / ta / taire / *tät*
ten / tho / ti / tik / tio / to / us / vol / wan / za

1. Literaturepoche
2. Zeitalter der Vernunft
3. Adelstitel des Herrn von Knigge ✓
4. lehrhafter Text ✓
5. Zentrum eines berühmten Dramas von Lessing ✓
6. kurzer, prägnanter Text ✓
7. Philosoph, der Lessings religiöse Weltanschauung beeinflußte
8. literarisches Rokoko
9. Schäferdichtung
10. Bösewicht aus einem Drama Lessings
11. eine der zentralen Forderungen der Aufklärung ✓
12. vagabundierende Schauspielergruppen
13. Beruf eines Widersachers von Lessing
14. ein „Magazin für Frauenzimmer"
15. populärer Physiker und Dichter der Aufklärung ✓
16. berühmter Dichter der Romantik (Enkel von S. von La Roche)
17. französischer Aufklärer
18. Vorname eines deutschen Philosophen der Aufklärung ✓
19. Vorbild für das Kunstverständnis der Aufklärung
20. Vorkämpfer der Aufklärung (Nachname)

SÄTZE DER AUFKLÄRUNG – ODER ETWA NICHT?

☐ ☐ 1. Ist er ein *Mensch*? frag erst, und dann: ist er ein *Christ*?   *Gleim*
Ein Christ kann er nicht sein, wenn er ein Mensch nicht ist.

☐ ☐ 2. Mensch, werde wesentlich, denn wenn die Welt vergeht,
So fällt der Zufall weg, das Wesen, das besteht.

☐ ☐ 3. Er nennts Vernunft und brauchts allein,
nur tierischer als jedes Tier zu sein.

☐ ☐ 4. Der Mensch kann sich Fertigkeiten erwerben und kann ein Tier werden,   *Lichtenberg*
wo* er will. Gott macht die Tiere, der Mensch macht sich selber.   * sofern, wenn

☐ ☐ 5. Das Herz schlägt früher, als unser Kopf denkt – ein guter Wille ist brauchbarer als eine noch so reine Vernunft.

☐ ☐ 6. Der Mann hatte so viel Verstand, daß er zu fast nichts mehr in der Welt zu   *Lichtenberg*
brauchen war.

☐ ☐ 7. Denken Sie weniger und leben Sie mehr!

☐ ☐ 8. Das viele Lesen hat uns eine gelehrte Barbarei zugezogen.   *Lichtenberg*

☐ ☐ 9. Eine gescheite Frau hat Millionen geborener Feinde – alle dummen Männer.

☐ ☐ 10. Ein Schein von Tiefe entsteht oft dadurch, daß ein Flachkopf zugleich ein
ja nein   Wirrkopf ist.

WAS FÜR EIN ZEICHEN MEINTE LICHTENBERG?

Ich möchte zum Zeichen für Aufklärung das bekannte Zeichen des Feuers (…) vorschlagen. Es gibt Licht und Wärme, es ist zum Wachstum und Fortschreiten alles dessen, was lebt, unentbehrlich; allein – unvorsichtig behandelt, brennt es auch und zerstört auch.
(Lichtenberg)

1. Suchen Sie in dem 3-D-Bild das Zeichen, das Lichtenberg meinte (drehen Sie dazu das Blatt um 90°, die linke Seite ist oben).
2. Eignen sich der Satz und das Motiv für eine abschließende Aussage zur Epoche der Aufklärung?
3. Was für ein Motiv hätten Sie in einem derartigen Bild versteckt?

Verzeichnisse

BILDQUELLENVERZEICHNIS

S. 7 D. Chodowiecki: Bürgerliches Leben im 18. Jh., Katalog Städelsches Kunstinstitut und städt. Galerie, Frankfurt/M. 1974, S. 145/155. Der Stich „Aufklärung" taucht unter dem Titel „Sechs grosse Begebenheiten des vorletzten Decenniums 1791" im Göttinger Taschenkalender für das Jahr 1792 auf.
S. 9 Georg Christoph Lichtenberg. Interfoto-Pressebild-Agentur, München
S. 14 Immanuel Kant. Kupferstich von J.F. Bause, 1791, Bildarchiv Preußischer Kulturbesitz, Berlin.
S. 18 Armbrust mit Spanner, Staatliche Museen Kassel.
S. 19 Titelseite der Erstausgabe Berlin, Archiv für Kunst und Geschichte, Berlin.
S. 32 Österreichische Nationalbibliothek, Wien.
S. 39 Szenenbild aus „Nathan der Weise", Kammerspiele München, Deutsches Theatermuseum München.
S. 40 Payne nach Storck, Archiv für Kunst und Geschichte, Berlin.
S. 45 Laokoongruppe von Hagesander, Polydoros und Athanodoros (um 50 v. Chr., Vatikanische Sammlungen), Archiv für Kunst und Geschichte, Berlin.
S. 46 Friederike Caroline Neuber. Zeitgenössischer Holzschnitt. Bildarchiv Preußischer Kulturbesitz, Berlin.
S. 46/47 Wandernde Komödianten. Deutsches Theatermuseum, München.
S. 49 François Boucher: Badende Gracien. Bildarchiv Preussischer Kulturbesitz, Berlin.
S. 50 Bildarchiv Preußischer Kulturbesitz.
S. 53 Jean Baptiste Siméon Chardin: „Die gute Erziehung", Bildarchiv Preußischer Kulturbesitz.
S. 55 Sophie von La Roche. Unbezeichnetes zeitgenössisches Pastellbild, Freies deutsches Hochstift, Frankfurt/M.
S. 56 aus: Gisela Brinker-Gabler (Hrsg.): Deutsche Literatur von Frauen, Bd. 1: Vom Mittelalter bis zum Ende des 18. Jahrhunderts. München 1988, S. 456.
S. 57 Olympe de Gouges, Archiv für Kunst und Geschichte, Berlin.
S. 59 Archiv für Kunst und Geschichte, Berlin.
S. 60 oben aus: dtv-Atlas zur deutschen Literatur. Tafeln und Texte, München 1983, S. 142.
S. 60 unten: Gotthold Ephraim Lessing, 1760. Ullstein Bilderdienst, Berlin.
S. 61 oben: Gotthold Ephraim Lessing, um 1770. Foto: Herzog August Bibliothek, Wolfenbüttel.
S. 61 unten: Eva König. Archiv für Kunst und Geschichte, Berlin.
S. 62 Krull, C. F.: Lessings Totenmaske, 1781. Foto: Herzog August Bibliothek, Wolfenbüttel.
S. 63 oben: Adolph Freiherr Knigge. Bildarchiv Preussischer Kulturbesitz, Berlin.
S. 63 unten aus: Adolph Freiherr Knigge. Sämtliche Werke, hrsg. von Paul Raabe, et al., Band 10, Abteilung II: Moralphilosophische Schriften in 3 Bänden. Über den Umgang mit Menschen, Nenden/Liechtenstein 1978 (Photomechanischer Nachdruck der Ausgabe von 1796), S. 8.
S. 66 D. Chodowiecki: „Der Unterricht", 1779. Bildarchiv Preußischer Kulturbesitz, Berlin.
S. 67 D. C. C. Fleischmann: „Schulbediente", 1751. Bildarchiv Preußischer Kulturbesitz, Berlin.
S. 70 Zerdehnen und Ausrenken der Gliedmaßen durch einen Aufzug. Kupferstich aus dem Jahre 1769. Bildarchiv Preußischer Kulturbesitz, Berlin.
S. 73 J. M. Moreau le Jeune: „Morgentoilette eines französischen Adligen", 1784. Bildarchiv Preußischer Kulturbesitz, Berlin.
S. 74 Kupferstichkabinett des Staatlichen Museums Schwerin.
S. 79 Goya, Francisco: El sueño de la razón produce monstruos. (Der Traum der Vernunft gebiert Ungeheuer). Archiv für Kunst und Geschichte, Berlin.
S. 86 Dr. Hansjörg Wahr, Andreas Kümmel.

TEXTQUELLENVERZEICHNIS

S. 5 Lessing, Gotthold Ephraim: aus: Sogenannte Briefe an verschiedene Gottesgelehrte, 1779
S. 7 Im Hof, Ulrich: Das Europa der Aufklärung, C. H. Beck, München, 1993, S. 10 f.
ebenda, S. 13
S. 8 zitiert nach: Bahr, Ehrhard (Hrsg.): Was ist Aufklärung? Thesen und Definitionen, Reclam, Stuttgart, 1974, S. 3.
S.8 Lichtenberg, Georg Christoph: Schriften und Briefe, hrsg. von Wolfgang Promies, Verlag 2001, Lizenzausgabe des Carl Hanser Verlags, © 1968 München, Band 1 und 2, Sudelbücher I und II, April 1994, Frankfurt/M.
S. 9 ebenda
S. 10 Äsop: Rabe und Fuchs, aus: Antike Fabeln in einem Band, hrsg. von Johannes Irmscher, Aufbau-Verlag Berlin und Weimar, ²1987, S. 70f.
Lessing, Gotthold Ephraim: Der Rabe und der Fuchs, aus: Gotthold Ephraim Lessing: Werke in drei Bänden. Aufgrund der in Zusammenarbeit mit K. Eibl, H. Göbel, K. S. Guttke, G. Hillen, A. von Schirnding und Jörg Schönert besorgten Werkausgabe in 8 Bänden, hrsg. von Herbert G. Göpfert, Hanser-Verlag, München, Wien, 1984, Band 1, S. 31.
S. 11 Äsop: Die Frösche verlangen nach einem König, aus: Antike Fabeln, a.a.O., S. 32
Lessing, Gotthold Ephraim: Die Wasserschlange, aus: Göpfert, Bd. 1, S. 30
Lessing, Gotthold Ephraim: Die Esel, ebenda, S. 28
S. 12 Lessing, Gotthold Ephraim: Der Löwe mit dem Esel, ebenda, S. 27
Lessing, Gotthold Ephraim: Der Esel mit dem Löwen, ebenda, S. 27 f.
Pfeffel, Gottlieb Konrad: Der Affe und der Löwe, aus: G. K. Pfeffel, Fabeln, zitiert nach Fabeln, Parabeln und Gleichnisse, hrsg. v. Reinhard Dittmar, München, 1981 (dtv 6092), S. 224
S. 13 Lessing, Gotthold Ephraim: Eine Duplik, aus: Göpfert, Bd. 3, S. 363 ff.
S. 14 ff. Kant, Immanuel: Was ist Aufklärung? In: Was ist Aufklärung? Beiträge aus der Berlinischen Monatsschrift, Darmstadt, Wissenschaftliche Buchgesellschaft, 1973, S. 514 ff
S. 18 Lessing, Gotthold Ephraim: Der Besitzer des Bogens, aus: Göpfert, Bd. 1, S.39
S. 19 ff. Lessing, Gotthold Ephraim: Emilia Galotti, aus: Göpfert, Bd. 1, S. 515 ff.
S. 24 Aus dem Fürstenspiegel Friedrichs II, aus: Die Werke Friedrichs des Großen, Bd. 7, hrsg. von G. B. Volz, deutsch von E. König et al., Berlin, 1912, S. 201 f.
S. 25 Lessing, Gotthold Ephraim: Emilia Galotti, a.a.O.
S. 26 aus: Krünitz, Johann G.: Oeconomische Encyclopädie, oder allgemeines System der Staats-Stadt-Haus- und Landwirtschaft, 22. Teil, Berlin, 1781, S. 417 f.
S. 27 Fuchs, E.: Über das Bürgertum zur Zeit der Aufklärung*, aus: Illustrierte Sittengeschichte, Bd. 2, München, 1910 ff., S. 342 f.
S. 27 ff. Lessing, Gotthold Ephraim: Emilia Galotti, a.a.O.
S. 32 Lessing, Gotthold Ephraim: Brief an seinen Bruder Karl vom 1.3.1772, zitiert nach J.-D. Müller, : Erläuterungen und Dokumente zu G. E. Lessing, Emilia Galotti, Reclam, Stuttgart, 1971, S. 50
S. 32 Lessing, Gotthold Ephraim: Brief an Ebert vom 16. 3. 1772, zitiert nach: K. Lachmann (Hg.): Gotthold Ephraim Lessing's sämtliche Schriften, Bd. 12, Leipzig 1857
Herder, Johann Gottfried: Briefe zur Humanität, ebenda, S. 69 f.
S. 33 Claudius, Matthias: Artikel im „Wandsbekker Bothen" vom 15.4.1772, zitiert nach J.-D. Müller, a.a.O., S. 62
Lessing, Gotthold Ephraim: Brief an seinen Bruder Karl vom 2. 5. 1772, ebenda, S. 50
Nicolai, Friedrich: Brief an Lessing vom 7.4.1772, ebenda, S. 60 f.
S. 34 Lessing, Gotthold Ephraim: aus Hamburgische Dramaturgie, 59. Stück, 24. 11. 1767, aus: Göpfert, Bd. 2, S. 304 f.
14. Stück, 16.6.1767, ebenda, S. 93.
S. 36 aus: Knigge, Adolph Freyherr: Josephs von Wurmbrand, Kaiserlich abyssinischen Ex-Ministers, jezzigen Notarii caesarii publici in der Reichsstadt Bopfingen, politisches Glaubensbekenntniß, mit Hinsicht auf die Französiche Revolution und deren Folgen <1792>, hrsg. von G. Steiner, Frankfurt a.M., 1969, S. 65
Lessing, Gotthold Ephraim: Die Juden, aus: Werke, hrsg. von H.G. Göpfert, München, 1970–79, Bd. 2, S. 646 f.
S. 37 aus: Mendelssohn, Moses: Gesammelte Schriften, Jubiläumsausgabe, Bd. 7, Stuttgart, 1974, S. 10 f.
ebenda, Bd. 12., S. 200

aus: Zedler, Johann Heinrich: Großes Vollständiges Universal Lexicon aller Wissenschaften und Künste, Bd. 14, 1735
S. 38 Lessing, Gotthold Ephraim: Brief an J. W. L. Gleim vom 14.2.1759, zitiert nach G. E. Lessing, Leben und Werk, dargestellt von J. Bark. Klett, Stuttgart, 1990 (Editionen für den Literaturunterricht), S. 72
Lessing, Gotthold Ephraim: Die Erziehung des Menschengeschlechts, §85, aus: Göpfert, Band 3, S. 656
S. 39 ff. Lessing, Gotthold Ephraim: Nathan der Weise, aus: Göpfert, Bd. 1, S. 664 ff.
S. 42 aus: Boccaccio, Giovanni: Das Decameron, 1, III.; übersetzt von A. G. Meißner, zitiert nach: Ritscher, H.: Gotthold Ephraim Lessings „Nathan der Weise", Diesterweg, Frankfurt a.M., Berlin, München, 1976, S. 17 f.
S. 43 f. Lessing, Gotthold Ephraim: Eine Parabel, aus: Göpfert, Bd. III., S. 434 ff.
S. 45 Winckelmann, Johann Joachim: Gedanken über die Nachahmung der griechischen Werke in der Malerei und Bildhauerkunst. zitiert nach: Projekt Deutschunterricht 7 – Literatur der Klassik I – Dramenanalysen. Hrsg. von Heinz Ide und Bodo Lecke in Verbindung mit dem Bremer Kollektiv, Metzler Verlag 55, Stuttgart, 1974, Materialienteil, S. 84
S. 48 Text und Tabelle aus: Lessing, Epoche–Werk–Wirkung. Arbeitsbücher für den literaturgeschichtlichen Unterricht, hrsg. von W. Barner und G. Grimm, Beck, München, S.74 f.
S. 49 Gleim, Johann Wilhelm Ludwig: Anakreon, aus: Gedichte und Interpretationen, Band 2: Aufklärung und Sturm und Drang, hrsg. von Karl Richter, Stuttgart, 1983 (RUB 7891), S. 113
S. 50 Gleim, Johann Wilhelm Ludwig: Einladung zum Tanz, aus: Die deutsche Literatur in Text und Darstellung. Aufklärung und Rokoko, hrsg. von Otto F. Best, Stuttgart, 1977 (Reclam UB 9617), S. 125 f.
Hagedorn, Friedrich von: Die Küsse, ebenda, S. 122
S. 52 Wallenrodt, Isabella von, aus: A. van Dülmen (Hrsg.): Frauenleben im 18. Jahrhundert, C. H. Beck, München, Gustav Kiepenheuer, Leipzig, Weimar, 1992, S. 37
Campe, Joachim Heinrich: Väterlicher Rat für meine Tochter, aus: S. Lange (Hrsg.): Ob die Weiber Menschen sind, Geschlechterdebatte um 1800, Leipzig, 1992, S. 26
Brandes, Ernst, aus: A. von Dülmen (Hrsg.): Frauenleben im 18.Jahrhundert, a.a.O., S. 41 f.
S. 53 Kant, Immanuel, zitiert nach A. van Dülmen., ebenda, S. 210
ebenda, S. 250
S. 54 ebenda, S. 254
ebenda, S. 141
S. 56 La Roche, Sophie von: Aus dem Tagebuch einer Englandreise
S. 57f. Gouges, Olympe de: Erklärung der Rechte der Frau, aus: S. Lange (Hrsg.): Ob die Weiber Menschen sind, Geschlechterdebatte um 1800, a.a.O, 1992, S. 112 ff.
S. 59 aus: Hildebrandt, Dieter: Biographie einer Emanzipation, Hanser Verlag, München, 1979, S. 8–11
S. 60 Lessing, Gotthold Ephraim: Hamburgische Dramaturgie, Hundert und erstes, zweites, drittes und viertes Stück, 19.4.1768 aus: Göpfert, Bd. 2, S. 493 f.
S. 61 Lessing, Gotthold Ephraim: Brief an Eschenburg vom 31.12.1777, aus: Ulshöfer, Arb. Deutsch, Sekundarstufe 2, Bd. 2, Literatur & Gesellschaft, Hannover (Schroedel Verlag), 1979, S. 165
Brief an Eschenburg vom 7.1.1778, ebenda
Brief an Eschenburg vom 10.1.1778, ebenda
S. 62 Brief an Eschenburg vom 14.1.1778, ebenda

ebenda, Bd. 3: Aufklärung und Empfindsamkeit, hrsg. von Gunter E. Grimm und Frank Rainer Max, Stuttgart, 1988 (RUB 8613), S. 190
Die letzten Jahre, aus: W. u. A. Durant: Kulturgeschichte der Menschheit, Bd. 31: Der protestantische Norden; Johnsons England I., Lausanne, o.J., S. 52
S. 63 aus: Knigge, Adolph Freiherr. Sämtliche Werke, hrsg. von P. Raabe, et al., Band 10, Abteilung II: Moralphilosophische Schriften in 3 Bänden. Über den Umgang mit Menschen, Nedens/Liechtenstein 1978 (photomechanischer Nachdruck der Ausgabe von 1796), S. 8
S. 64 ebenda, S. 31 f.
ebenda, S. 126
S. 65 ebenda, S. 129
aus: Knigge, Adolph Freyherr: Josephs von Wurmbrand, Kaiserlich abyssinischen Ex-Ministers, jerrigen Notarii caesarii publici in der Reichsstadt Bopfingen, politisches Glaubensbekenntniß, mit Hinsicht auf die Französische Revolution und deren Folgen <1792>, hrsg. von G. Steiner, Frankfurt a.M., 1969, S. 94 f.
S. 66 Krüger, J. G.: Wann ist das Prügeln erfordert, aus: K. Rutschky (Hrsg.): Schwarze Pädagogik. Quellen zur Naturgeschichte der bürgerlichen Erziehung, Ullstein, Frankfurt, Berlin, Wien, 1977, S. 171
S. 67 Bahrdt, K. F.: Wodurch Körperstrafen zu ersetzen sind, aus: K. Rutschky, a.a.O., S. 406 ff.
Lichtenberg, Georg Christoph: Sudelbücher, aus: Schriften und Briefe, a.a.O., Bd. 1, S. 466
S. 68 Recke, Elisa von der: Harte Betrafung, aus: A. von Dülmen (Hrsg.): Frauenleben im 18. Jahrhundert, a.a.O., S. 146 f.
Anna Amalie, Herzogin von Weimar, aus: A. van Dülmen, a.a.O., S. 143
S. 69 Bouton, aus: M. Foucault: Überwachen und Strafen, Die Geburt des Gefängnisses, Suhrkamp, Frankfurt a.M., 1977, S. 10-12
S. 70 Beccaria, C.: Über Verbrechen und Strafen. Nach der Ausgabe von 1766, Frankfurt a.M., 1966, S. 74
ebenda, S. 149 ff.
S. 71 ebenda, S. 52 f.
S. 72 aus: M. Foucault: Wahnsinn und Gesellschaft: eine Geschichte des Wahnsinns im Zeitalter der Vernunft, Suhrkamp, Frankfurt a.M., 1973, S. 412 f.
S. 73 aus: Vigarello, G.: Wasser und Seife, Puder und Parfüm, Geschichte der Körperhygiene seit dem Mittelalter, Campus, Frankfurt a.M., New York, 1992, S. 117
S. 74 Corbin, Alain: Pesthauch und Blütenduft: Eine Geschichte des Geruchs, Fischer, Frankfurt, 1991, S. 40 ff.
Lahnstein, Peter: Report einer „guten alten Zeit", Zeugnisse und Berichte 1750–1805, dtv, München, 1970, S. 32
S. 75 Der Affe. Ein Fabelchen. Zit. nach Peter Pütz, Die deutsche Aufklärung, Darmstadt, Wissenschaftliche Buchgesellschaft, 1978, Bd. 81 (Erträge der Forschung), S. 31 f.
Im Hof, Ulrich: Das Europa der Aufklärung, Beck, München, 1993, S. 246 f.
S. 76 Jaspers, Karl: Einführung in die Philosophie, Zwölf Radiovorträge, Artemis-Verlag, Zürich, ²1950, S. 83 ff.
S. 78 Grass, Günther: Essays, Reden, Briefe, Kommentare, Werkausgabe in 10 Bänden, hrsg. von V. Neuhaus, Bd. 9, Luchterhand, Darmstadt, 1987, S. 886 ff.
S. 80 Kunert, Günter: Aufklärung I, aus: Verspätete Monologe, dtv, München, 1984, (© Hanser Verlag, München, Wien), S. 21
S. 86 Lichtenberg, Georg Christoph: Sudelbücher, a.a.O., Bd. 1, S. 790 (Ausgabe Verlag 2001)

ARBEITSHEFT ZUR
LITERATURGESCHICHTE

AUFKLÄRUNG

TEXTE · ÜBUNGEN

REINHARD LINDENHAHN

LÖSUNGSHINWEISE

Cornelsen

Was ist Aufklärung?

Lichtenberg: Aphorismen (S. 9)

Zwei große Themenbereiche ziehen sich wie ein roter Faden durch Lichtenbergs Aphorismen: die Kritik an der Gesellschaft, in der er lebt, und die skeptische Reflexion darüber, ob es möglich sei, diese zu verändern. Dabei streift er die verschiedensten Themengebiete, die alle logisch zusammenhängen: Der Kritik an der institutionalisierten Kirche und der von ihr verbreiteten Art von Glauben (4/5) steht die Bedeutung der Bildung gegenüber („Buch"), wenngleich diese mit einer guten Portion Skepsis versehen ist (6/7/11). Lichtenberg zeigt seine Zeitgenossen als leicht beeinflußbare, zumindest nicht vernunftgeleitete Geschöpfe (2/10), und er geht sogar so weit, die Verbrecher als Frucht, als Resultat einer kranken Gesellschaft zu bezeichnen (1/12). Auch die „Aufklärung" selbst wird kritisch hinterfragt (9), was ein wichtiges Kennzeichen der Epoche ist.

Lessing: Fabeln (S. 10)

Der Rabe und der Fuchs: Äsops Fabel ist einfach strukturiert: Der eitle Rabe wird vom schlauen Fuchs überlistet, weil er dessen Schmeicheleien Glauben schenkt und ihm etwas vorsingen will. In seiner Naivität verzichtet er sogar auf das Fleisch, nur um besser vorsingen zu können. Thema der Fabel ist die mit Dummheit gepaarte Eitelkeit des Raben.

Lessings Fabel ist wesentlich komplizierter. Auch hier ist der Rabe zwar eitel und dem Fuchs geistig unterlegen („großmütig dumm"), aber insgesamt dennoch der Sympathischere. Der Fuchs kommt nicht, wie bei Äsop, herangelaufen, sondern er „schleicht". Vor allem aber schmeichelt er dem Raben nicht, indem er dessen Schönheit lobt, sondern indem er ihn als „Adler", als Gesandten des höchsten Gottes, ansieht und ihn damit standesmäßig erhöht. Es gehört zum Plan des Fuchses, das Fleisch von vornherein als für ihn bestimmt auszugeben, und wegen der „Verwechslung" mit einem Adler überläßt der Rabe dem Fuchs die Beute freiwillig. Er fliegt „stolz" davon, d.h., er fühlt sich nicht geschädigt und hat am Ende auch nichts hinzugelernt. Er ist eitel und dumm, aber letztendlich glücklich. Ganz anders dagegen der Fuchs. Seine Boshaftigkeit und Schmeichelei rächen sich, und er „verreckt".

Lessings Angriff geht also nicht so sehr gegen Eitelkeit und natürliche Dummheit, sondern gegen den zum Schaden eines andern eingesetzten Verstand, gegen betrügerische Schläue. Hinzu kommt noch eine gesellschaftliche Komponente: Schmeichelei ist unehrlich und dient dem eigenen Vorteil, sie ist vor allem aber eine Eigenschaft des höfischen Lebens, die Lessing als Bürgerlicher scharf ablehnt. Sein Wunsch, die „verdammte[n] Schmeichler" möchten sich „nie etwas anders als Gift erloben", ist eine sehr bürgerliche Haltung, die auch in Pfeffels lyrischer Fabel (S. 12) zum Ausdruck kommt.

Äsop: Die Frösche verlangen nach einem König. Die Moral von Äsops Fabel lautet: Die Fabel beweist, daß es besser ist, stumpfsinnige Herrscher zu haben als Unruhe stiftende.

Lessing: Die Wasserschlange: Darum, antwortete die Schlange, weil ihr um mich gebeten habt. – Ich habe nicht um dich gebeten! rief einer von den Fröschen, den sie schon mit den Augen verschlang. – Nicht? sagte die Wasserschlange. Desto schlimmer! So muß ich dich verschlingen, weil du nicht um mich gebeten hast.

Lessing schreibt gewissermaßen eine Fortsetzung von Äsops Fabel („nunmehr"). Die Frösche und die Wasserschlange gehen hier jeweils von verschiedenen Grundgedanken aus: Die Frösche argumentieren insofern logisch, als sie meinen, ein Herrscher brauche Untertanen, um überhaupt ein Herrscher zu sein. Das Froschvolk ist zwar nicht in der Lage, ohne Regierung zu leben, und fordert – in Äsops Fabel – nicht nur einen König, sondern überdies noch einen, vor dem sie Respekt haben müssen. Gleichwohl gehen die Frösche davon aus, daß ein Herrscher sich für sein Volk einzusetzen und es zu schützen habe. Der Frosch, den die Schlange schon „mit den Augen" verschlingt, versucht sich zu retten, indem er ihre Begründung für das „Verschlingen" zu entkräften sucht: „Ich habe nicht..." Die Reaktion der Wasserschlange zeigt, daß sie von einer andern „Logik" ausgeht; für sie ist der Herrscher von Gott eingesetzt – was in der Fabel sogar den Tatsachen entspricht –, hat damit die unbeschränkte Macht im Staate und schafft sich ihr Recht auch noch selbst – noch dazu, wo die Frösche selbst offenbar doch, nach Ansicht der Schlange, genau dies wollten. Der einzelne Frosch widersetzt sich allein schon durch seine Ablehnung der Schlange ihren Ordnungsvorstellungen und hat es verdient, gefressen zu werden. So gesehen, ist die jeweilige Begründung der Schlange „logisch". Es ist die Logik der absoluten Macht, nicht die der Vernunft. Dies soll der Leser der Fabel erfassen, indem er über den Text nachdenkt; es fehlt deshalb auch jegliche abschließende oder den Text erläuternde Moral.

An dieser Fabel wird deutlich, daß Lessing – wie praktisch alle bedeutenden Denker jener Zeit – nicht etwa die Demokratie fordert, denn das Volk ist dazu seiner Ansicht nach noch nicht in der Lage. Er will den aufgeklärten Herrscher, der im Sinne seiner Untergebenen handelt; Gewaltherrschaft lehnt er allerdings strikt ab, wie es für ihn auch kein „Gottesgnadentum" gibt.

Lessing: Die Esel. In dieser Fabel tauchen drei Partien auf: Zeus, die Menschen und die Esel. Diese Reihenfolge gibt gleichzeitig eine Hierarchie wieder, wobei diese zumindest vordergründig beim Verhältnis zwischen Zeus und Menschen unklar scheint. Die Esel gehen davon aus, daß Zeus den Menschen etwas „verbieten" könne. Dieser wiederum sieht aber „keine Möglichkeit, die Menschen zu überzeugen"; er hindert sie nicht daran, die Esel zu unterdrücken, und dies widerspricht offenbar auch nicht seiner Vorstellung von Gerechtigkeit. Er bestärkt die Esel vielmehr in ihrer untergeordneten Rolle, indem er ihnen lediglich zusichert, ihre Unterdrückung leichter erträglich zu machen. Es scheint eine geheime Allianz zwischen Zeus (in diesem Fall wohl der Kirche) und den Menschen (dem Adel) gegen das gemeine Volk zu geben. Die Menschen wiederum werden kritisiert, weil sie die Esel nicht nur hart für sich arbeiten lassen, sondern sie darüber hinaus auch noch „unbarmherzig" schlagen und immer mehr von ihnen verlangen. Anderseits spart Lessing auch nicht mit Kritik an den Eseln (sie sind sogar, wie der Titel nahelegt, der Hauptgegenstand der Fabel), denn sie sind so dumm und lassen sich die Behandlung nicht nur gefallen, weil sie glauben, von Zeus für ihr hartes Los „geschaffen" zu sein, sondern jubeln diesem auch noch zu, obwohl er sie abspeist. – Deutlicher läßt sich die Kritik an Kirche, Adel und Volk zur damaligen Zeit wohl kaum formulieren.

Lessing: Der Löwe mit dem Esel (Lösung: Löwe/Esel/Esel/Löwe). Im Zentrum der Kritik dieser Fabel steckt die rein auf den eigenen Nutzen bezogene Denkweise des Adels. Nur wenn er aus dem Volk bzw. dem Bürgertum Nutzen ziehen kann, ist er bereit, ihm Beachtung zu schenken.

Auf der anderen Seite kritisiert Lessing, daß das Bürgertum oft nur zu gern bereit ist, sich korrumpieren und zum Gehilfen des Adels machen zu lassen – nicht ohne sich dabei oft noch etwas auf diese „Standeserhöhung" einzubilden. Dies wird in der zweiten Fabel deutlich:

Der Esel mit dem Löwen (Lösung: Esel/Löwe/Esel/Esel/Löwen/Esel). Der Löwe steht als König der Tiere für den herrschenden Adel, das Volk wird auch in diesen beiden Fabeln wieder als einfältiger Esel gesehen. Auch hier geht Lessings Kritik in zwei Richtungen: zum einen in die des Adels, der das Volk für seine Zwecke ausnutzt, zum andern ist sie an die Untertanen gerichtet, die sich dabei noch geehrt fühlen.

Lessing: Eine Duplik (S. 13)

Die „Duplik" kann durchaus als einer der zentralen Texte der Epoche angesehen werden. Es gibt nach Lessing keine dogmatisch festlegbare „Wahrheit". Wer immer eine Erkenntnis als „wahr" ansieht, tut dies individuell und muß demzufolge jedem anderen das Recht zubilligen, seinerseits „Wahrheiten" zu erkennen. Wenn es nun keine unumstößliche Wahrheit geben kann, kommt es allein darauf an, wie sehr man sich darum bemüht, nicht zu irren. Dies bedingt die Fähigkeit, zuzuhören und tolerant zu sein. Außerdem ist es von größter Bedeutung, daß man die von einem selbst als „Wahrheit" angesehene Erkenntnis „in guter Absicht", „scharfsinnig" und „bescheiden" zu vermitteln sucht. Wichtig sind also der soziale Nutzen einer Erkenntnis, ihre logische Grundstruktur und eine das Gegenüber respektierende Form ihrer Präsentation.

Ein weiterer Aspekt ist fast noch bedeutender: Dogmatismus lähmt den Fortschritt. Nur das Bewußtsein, möglicherweise beständig zu irren, bringt die Menschheit weiter, macht sie vollkommener – und auch gesellschaftliche Weiterentwicklung ist nur möglich in einem Staat, der sich nicht als perfekt mißversteht. Somit hat Lessings „Duplik" auch eine durchaus politische Dimension, denn mit dem kirchlichen Dogmatismus greift Lessing auch in festgefahrenen gesellschaftlichen Strukturen an.

Sprachlich äußert sich Lessings Aussageabsicht z.B., wenn er sich gewissermaßen selbst ins Wort fällt („Was anders, als – – Nein; weil [...]") und damit zeigt, daß er seine Erkenntnis auf andere anwendet.

Goeze hat folgendes auf die „Duplik" geantwortet:

„Wenn Gott mir in seiner Rechten den einzigen immer regen Trieb nach Wahrheit, aber mit dem Zusatze: mich immer und ewig zu irren, und in der Linken das allerschrecklichste Schicksal, vernichtet zu wer-

den, vorhielte, und sagte: wähle! so würde ich mit Zittern in seine Linke fallen, und sagen: Vater, vernichte mich! Denn gehört die reine Wahrheit allein für Gott, bin ich in ewiger Gefahr zu irren; so ist kein Augenblick möglich, da ich versichert sein könnte, daß ich nicht irre, und dabei einen immer regen Trieb nach Wahrheit zu haben, das ist der schröcklichste Zustand, in welchem ich mir eine menschliche Seele denken kann."
(Aus: G. E. Lessing: Werke in drei Bänden, Hanser Verlag, München, Wien 1982, Bd. 3: Geschichte der Kunst, Theologie, Philosophie, S. 772.)

Kant: Was ist Aufklärung? (S. 14)
Teil A: 1: falsch (2. Teil), vgl. Z. 15 ff./ 2: richtig, vgl. Z. 20 f./3: richtig, vgl. Z. 25 f./ 4: richtig, vgl. Z.35 ff./5: falsch, vgl. Z. 45 ff./6: richtig, vgl. Z. 55 ff./ 7: richtig, vgl. Z. 64 ff./8: richtig, vgl. Z. 67 ff., 74 ff./9: richtig, vgl. Z. 79 ff./10: falsch, vgl. Z. 85 ff.
Zu Teil B: 1: falsch; Kant betont im Gegenteil, daß eine „Reform der Denkungsart" notwendig ist, um nachhaltige soziale Veränderungen zu erreichen. Eine Revolution löst seiner Ansicht nach die Probleme nur kurzfristig, und bald würden „neue Vorurtheile [...] zum Leitbande des gedankenlosen großen Haufens" (Z. 47 f.). 2: richtig; der Adel hat kein Interesse an Reformen, die ihn Einfluß kosten, und die breite Masse des Volkes, die zum großen Teil nicht einmal lesen und schreiben konnte, wurde von keinem der „Aufklärer" als möglicher Träger eines neuen Staates angesehen. Deshalb ist Kant auch, wie zahlreiche andere, ein Befürworter des „aufgeklärten Absolutismus", denn diese Staatsform erschien kurzfristig als die einzig mögliche. Andere Staatsformen waren nur in Sozialutopien denkbar (vgl. 3: falsch). Allerdings sah Kant durchaus die Möglichkeit und Notwendigkeit, das immer wichtiger werdende Bürgertum sozial, wirtschaftlich und politisch weiter zu stärken. Dabei kam der – aufgeklärten – bürgerlichen Intelligenz natürlich eine zentrale Rolle zu (vgl. 4: richtig). 5: richtig; Kant sah wie Lessing und die anderen Vertreter der Aufklärung das Problem, daß der Klerus die alte Gesellschaftsform stützte und sich gegen alle Tendenzen wandte, die seine und des Adels Herrschaft über das Volk gefährden konnten. Es geht ihm deshalb in besonderem Maße auch darum, den Einfluß der Geistlichkeit zu verringern und damit indirekt auch die Fürsten zu schwächen.
Dies sind letztendlich sehr fortschrittliche Tendenzen. Rückschrittlich mutet es dagegen an, wenn Kant seinem Herrscher huldigt und die Notwendigkeit eines stehenden Heers gegen eventuelle Aufstände des unterdrückten Volkes betont. Hierbei muß man allerdings bedenken, daß die „optimale" Staatsform jener Zeit zunächst der „aufgeklärte Absolutismus" war, und der ließ sich nur erreichen, wenn die Fürsten die bürgerlichen Intellektuellen nicht von vornherein ablehnten.

Lessing: Der Besitzer des Bogens (S. 18)
Zweckmäßigkeit und Einfachheit waren wichtige Aspekte der „aufgeklärten" Ästhetik und verraten die bürgerliche Sichtweise der Dichter dieser Epoche (vgl. dazu auch die Texte und die Einführung auf S. 34). Im Zentrum eines dichterischen Werkes steht die Überlegung nach der beabsichtigten Wirkung dieses Werks auf den Rezipienten. Auf diese Wirkung hin ist das Werk zu konzipieren. Dichtung wird nicht als Selbstzweck angesehen, sondern als Trägerin von Bildung im weitesten Sinne.

Der Hof ist nicht der Ort, Moral zu lernen

„Die unbedeutende Sprache der Galanterie" (S. 19)
Schon in der ersten Regieanweisung und mit seinen ersten Worten wird der Prinz charakterisiert: Er überfliegt willkürlich „einige" der Bittschriften auf seinem Schreibtisch, andere läßt er liegen. Ebenso willkürlich genehmigt er eine anscheinend sogar unbescheidene Bitte, nur weil die Bittstellerin zufällig Emilia heißt – womit schon in den ersten Zeilen auf das Thema des Dramas hingewiesen wird. Nebenbei jammert er über die vielen „Klagen", die er hört, und er bedauert sich, weil er „arbeiten" muß (I 1, Z. 1–8), doch so spontan, wie er die „Briefschaften durchläuft", beendet er diese Tätigkeit auch. Dies zeigt ihn als extrem egozentrische, labile Person, die allerdings nicht in das Bild eines Gewaltherrschers paßt, sondern deren Gefühlsduselei vordergründig die innere Schwäche verrät. Daß dies jedoch nicht gilt, wenn es um sein eigenes Interesse geht, wird spätestens klar, wenn man erfährt, wie menschenverachtend er sich über seine frühere Geliebte, die Gräfin Orsina, ausläßt: „Nun ja, ich habe sie zu lieben geglaubt!" (I 1, Z. 23 f.). Auch in Zeilen wie diesen zeigt sich seine Ichbezogenheit, zeigt sich sein Drang nach sofortiger und unbedingter Wunscherfüllung. Der spätere Konflikt deutet sich an, als sich herausstellt, daß seine angebetete Emilia Galotti im Begriff ist zu heiraten, und der Prinz, gewohnt, alle Wünsche sofort erfüllt zu bekommen, seinem korrupten Kammerherrn freie Hand gibt, alles zu veranlassen, was diese Heirat noch verhindern könnte. Zuvor jedoch erfährt man aus dem Gespräch der beiden alles, was notwendig ist, die abwesende Emilia Galotti wie auch die beiden anwesenden Adligen zu charakterisieren: Der Prinz macht sich nichts daraus, daß Emilia eine Bürgerstochter ist, denn als Zentrum des Hofes kann er sich ein derartiges „Mißbündnis" (I 6, Z. 21) leisten. Marinelli dagegen höhnt zunächst über den „empfindsamen" Grafen Appiani und gibt zu verstehen, daß die Kriterien des Adels für eine Partnerwahl „Vermögen und Rang" sind (vgl. I 6, Z. 8 f.). So blickt er auch abschätzig auf die Eigenschaften Emilias herunter: Schönheit, Tugend, Gefühl und Verstand (vgl. I 6, Z. 9 f.). Für die „empfindsamen" Gefühle des Prinzen bringt er keinerlei Verständnis auf und reduziert dessen Leidenschaft für Emilia sofort – wenngleich verschlüsselt – auf den sexuellen Bereich, wenn er sie als „Ware" bezeichnet, die man „wohlfeiler" aus der „zweiten Hand" kauft (vgl. I 6, Z. 87) – womit auch gleich etwas über die höfische Vorstellung von Moral gesagt ist. Der Prinz dagegen beklagt seine „zärtliche Untätigkeit" (I 7, Z. 5), läßt aber nichtsdestoweniger keinen Zweifel daran aufkommen, daß es ihm in keiner Weise uneigennützig um das Wohl der verehrten Frau zu tun ist, sondern um die eigene Wunsch- bzw. Trieberfüllung. Daß er dabei durchaus willens ist, über Leichen zu gehen, wird in der Szene mit Camillo Rota deutlich, wo er sich bereit zeigt, ohne Überlegung ein Todesurteil zu unterzeichnen, nur um seinen Plan sofort ausführen zu können. Diese Feststellung ist Lessing so wichtig, daß er eine funktional scheinbar völlig unwichtige Szene einbaut, in der er einer unbedeutenden Person einen Monolog gönnt. Trotzdem ist diese Szene wichtig, denn sie kommentiert abschließend die Vorstellung des Adels und leitet über zur nächsten Szene, in der das Bürgertum mit seiner völlig anders gearteten Moralvorstellung präsentiert wird.

„Mit vielem Prunke von Tugend und Gefühl"... (S. 25)
Lessing weicht in einem ganz entscheidenden Punkt von seiner literarischen Vorlage ab, indem er darauf verzichtet, die Tat Odoardos als Anlaß für einen Volksaufstand darzustellen. In einem Brief an seinen Bruder Karl schreibt er am 1. 3. 1772: „Du siehst wohl, daß es weiter nichts als eine modernisirte, von allem Staatsinteresse befreyete Virginia seyn soll." Dies läßt darauf schließen, daß Lessing sein Stück nicht als konkrete Darstellung bestehender Herrschaftsformen verstanden wissen wollte. Die oft vertretene Auffassung, das Drama thematisiere den Klassengegensatz von Bürgertum und Adel, kann in dieser Form schon deshalb nicht aufrechterhalten werden, weil der Dichter erstens die Handlung des Dramas an einen politisch unverfänglichen Ort verlagert und weil zweitens eine genaue ständische Klassifizierung der Personen recht problematisch ist. Der Prinz beispielsweise zeigt mit seinem Hang zur Empfindsamkeit durchaus spezifisch bürgerliche Züge, selbst wenn diese schließlich doch von despotischen Merkmalen überlagert werden. Dennoch kann Emilia Galotti sicherlich ein politisches Drama genannt werden, denn Lessing zeigt mit seinem Stück, daß die zu jener Zeit erkennbare Tendenz, sich in den privaten Bereich der Familie zurückzuziehen und sich dort, weitgehend abgeschirmt von der politischen Öffentlichkeit, der Pflege moralisch-religiöser Maximen hinzugeben, in ihrer übersteigerten Form letzten Endes gerade zu jener Unaufgeklärtheit und Abhängigkeit beiträgt, die es dem Adel ermöglicht, das Bürgertum zu unterdrücken.
Lessings Darstellung der nicht-höfischen Personen zeigt dies sehr deutlich. Claudia, die „eitle, törichte Mutter", erzählt Odoardo „in einem Tone der Verzückung" (II 4, Z. 45) von den „Lobeserhebungen" des von „Emilias Munterkeit und ihrem Witze so bezaubert[en]" Prinzen (II 4, Z. 42). Claudia sieht Äußerlichkeiten, nicht jedoch den Umstand, daß, wenn der Prinz sich überhaupt mit einer Bürgerlichen abgibt, dies wohl kaum ohne Hintergedanken geschieht – und wenn er wirkliche Zuneigung für Emilia empfinden würde, wäre Claudias Aussage bezüglich der „unbedeutende[n] Sprache der Galanterie" (II 6, Z. 94) falsch. Emilias natürlicher Offenheit und Aufrichtigkeit („Der Graf muß das wissen.") setzt Claudia bürgerliche Taktiererei entgegen, die auf einer falschen Einschätzung der Situation beruht, weil sie den Adel aus bürgerlicher Sicht sieht, und die, genau genommen, den tragischen Ausgang erst einleitet. Emilia hingegen ist als Bürgerstochter erzogen worden, das heißt, sie kennt nur den

engen Kreis der Familie und hat keinerlei Erfahrung im Umgang mit dem Adel. So spricht z.B. eine beinahe ehrfürchtig-schüchterne Haltung aus ihren Worten, als sie erzählt, daß sie den Prinzen getroffen habe: „Raten Sie, meine Mutter; raten Sie – Ich glaubte in die Erde zu sinken – Ihn selbst" (II 6, Z. 41). Dies zeigt die Ehrfurcht Emilias vor dem Prinzen, und es scheint beinahe, als würde sie sich durch seinen Annäherungsversuch geschmeichelt fühlen. Odoardo hingegen, dessen Tugendhaftigkeit immer wieder betont wird, macht sich wegen der Starrheit seiner Überzeugung zum Mitschuldigen. Seine eigensinnige Auffassung, daß nur der Rückzug aus der Gesellschaft die Basis für eine moralische Lebensführung sein könne (II 4, Z. 23 f.), führt dazu, daß er sich weigert, Konfliktlösungen woanders als im familiären Bereich anzustreben. Seine Haltung wird besonders in V,7 deutlich, wo er Emilia zunächst unterstellt, sie mache mit dem Prinzen gemeinsame Sache, und wo er sie anfangs regelrecht verhört (er stellt elf Fragen an sie), ohne daß Emilia dies merkt. Und er formuliert Sätze, die eindeutig inquisitiven Charakter haben: „Fliehen? – Was hätt' es dann für Not? – Du bist, du bleibst in den Händen deines Räubers" (V 7, Z. 18 f.). Erst als sie die Prüfung „bestanden" hat, akzeptiert er sie wieder als seine „Tochter" (V 7, Z. 29). Und anschließend wehrt er sich zunächst auch nur zum Schein, wenn Emilia ihn um den Dolch bittet, denn immerhin ist es Odoardo, der die Waffe aus fadenscheinigen Gründen überhaupt erst ins Gespräch bringt, nachdem er vorher in seinem Monolog schon von seiner Absicht, sie zu töten, gesprochen hat: „Ah! er [gemeint ist Gott] will meine Hand, er will sie" (V,6). Seine Warnung, sie habe „nur ein Leben zu verlieren" (V 7, Z. 44), und die Tatsache, daß er ihr den Dolch zuerst gibt, dann aber wieder entreißt, um sie selbst umzubringen, zeigt, daß der ganze Dialog gewissermaßen eine Prüfungssituation ist, bei der sich herausstellen soll, ob Emilia es wert ist, um ihrer Ehre willen von ihrem Vater getötet zu werden. Dieser Prüfung hält sie zwar stand, doch allein schon dadurch, daß sie einräumt, den Verführungskünsten des Prinzen vielleicht nicht standhalten zu können (V 7, Z. 48 f.), wird ihre Unfähigkeit offenbar, sich in dem öffentlichen Leben zurechtzufinden. Emilias Tod ist demnach letztlich die – subjektiv – notwendige Konsequenz aus dem unauflösbaren Zwiespalt zwischen ihrer streng religiösen Erziehung zur Tugend und deren drohendem Scheitern in der Realität; es ist die tragische Konsequenz einer in der Konfrontation mit der gesellschaftlichen Wirklichkeit versagenden Lebenseinstellung. Dies darf nun natürlich nicht zu der irrigen Schlußfolgerung führen, Lessing habe in seinem Drama die Moral- und Tugendlehre seiner Zeit angreifen wollen. Das Gegenteil ist der Fall. Lessing proklamierte durchaus das Ideal einer moralischeren Welt, indem das Bürgertum zunächst die eigene sittliche Vervollkommnung als Bedingung seiner Emanzipation anstrebt. Der politischen Emanzipation hatte also der Aufbau eines eigenen, bürgerlichen Wertesystems vorauszugehen – eines Wertesystems, das mit den Eckpfeilern Moral, Religion und Tugend der höfischen Lebensweise diametral entgegengesetzt war. Nur sah Lessing in dem Streben nach dem Ideal eben auch die Gefahr, daß der Strebende, das Bürgertum also, dabei den Bezug zur Realität verlieren könne. Es ging Lessing als Aufklärer nämlich nicht darum, im Stile der damals weitverbreiteten „Moralischen Wochenschriften" Moral und Tugend als Selbstzweck zu propagieren. Vielmehr betrachtete er diese Werte als notwendige Grundlage für eine bessere Gesellschaft, die wiederum – und hier liegt der eigentlich politische Charakter von Lessings Werk – zu jener Zeit praktisch nur vom Bürgertum geschaffen werden konnte, weil der Adel als zu dekadent angesehen wurde, um als Träger einer zukünftigen besseren Gesellschaft betrachtet werden zu können. Daß Lessing dennoch auch Adligen grundsätzlich die Möglichkeit zugestand, zukunftsbildend zu wirken, zeigen Figuren wie z. B. Appiani.

Texte zu „Emilia Galotti" (S. 32)

Von hier aus erklärt sich auch die in der Rezeption der Emilia Galotti damals wie heute heftig umstrittene Schlußszene des Dramas. Trotz aller Irritation, mit der schon die Zeitgenossen Lessings auf die Szene reagierten, war für Lessing der Schluß seines Dramas zwingend. Das Unbehagen vieler Kritiker an der Tat Odoardos und an deren Motivation im Stück mag subjektiv zwar berechtigt sein, basiert aber auf einer falschen Prämisse: Es wird meist stillschweigend angenommen, Lessing habe gerade jene Wirkung erzielen wollen, die er damals tatsächlich mit seinem Dramenschluß erzielt hat: Rührung ob der edlen Gesinnung der bürgerlichen Personen auf der Bühne und Bestätigung in dem Vorsatz, sich aus dem öffentlichen Leben zurückziehen. Dabei wird die Möglichkeit nicht in Betracht gezogen, daß Lessing sein Publikum einfach überschätzte, indem er dessen Fähigkeit voraussetzte, zu begreifen, daß weder der Rückzug aus der Gesellschaft noch deren radikale Umwälzung durch ein noch nicht in sich gefestigtes Bürgertum eine Möglichkeit sei, zu einem besseren Staatswesen zu finden.
Eine Tragödie soll nach Lessing „Leidenschaften in tugendhafte Fertigkeiten" verwandeln (Hamburgische Dramaturgie, 78. Stück). Hier liegt der zentrale Punkt in Lessings Dramaturgie: Er fordert, daß durch die Tragödie beim Zuschauer nicht nur Gefühle wie Mitleid mit der „leidenden Person" und Furcht davor erweckt werden, „daß die Unglücksfälle, die wir über diese verhängt sehen, uns selbst treffen können" (Hamburgische Dramaturgie, 75. Stück), sondern daß die Stärke dieser Gefühle gesteuert wird. Hinter dieser Forderung steht Lessings Überzeugung, daß sowohl ein Mangel als auch ein Übermaß an gefühlsmäßiger Anteilnahme dem „Lernerfolg" des Publikums abträglich sein. Die gefühlsmäßige Anteilnahme muß dem intuitiven Erfassen von Zusammenhängen Raum lassen. Daß er dieses Ziel mit seinem Emilia Galotti nicht erreichte, ist Lessing nur zum Teil selbst anzulasten – die Zeit war noch nicht reif für seine Gedanken. Friedrich Nicolai spricht das aus, wenn er an Lessing schreibt: „Die Emilia ist ein Rock auf den Zuwachs gemacht, in den das Publicum noch hinein wachsen muß." Dieses Publikum war zunächst einmal ein bürgerliches Publikum. Für diese Zuschauergruppe ist das Drama konzipiert, sie sollte es ansprechen, bilden und zum Positiven verändern. Deshalb ist es auch nur folgerichtig, wenn die tragischen Helden des Dramas nun vermehrt Bürgerliche sind – was allerdings eher eine Gesinnung als eine soziologische Standeszugehörigkeit umschreibt.
In der Rezeptionsgeschichte der „Emilia Galotti" gab es ein sehr breites Spektrum verschiedenster Deutungen, und so gibt es auch keine zwingend „richtige" Interpretation, sondern jede Art des Textverständnisses ist abhängig vom Standort derer, die den Text interpretieren. Wichtig ist vor allem, den eigenen Standpunkt gut am Text begründen zu können.

Sie wird gewiß kommen, die Zeit der Vollendung

Aufklärung und Judentum (S. 36)

Der Patriotismus war Lessing überaus suspekt, weil er nicht dazu dienen konnte, die Menschen zu bilden und weiterzubringen. Im Gegenteil: Patriotismus hieß Anpassung, hieß Subordination und hieß letztendlich auch Intoleranz gegenüber anderen, die – wie im Siebenjährigen Krieg – im schlimmsten Falle in Waffengewalt ausartete.

Die Erziehung des Menschengeschlechts (S. 38)

Lessings beinahe utopisch anmutende Vorstellung von einer „bessern Zukunft" basiert auf seiner Überzeugung, daß sich der Mensch zum Guten entwickeln wird, sobald er das erste Mal merkt, daß sich alles bessert. Dies wird ihm Ansporn sein, immer mehr zu tun, sich immer mehr zu bemühen, und um so schneller wird die positive Entwicklung verlaufen. Die „Zeit der Vollendung" ist dann erreicht, wenn der Mensch sich nicht mehr nur im Hinblick auf eine weitere Verbesserung seiner Situation um die eigene Vervollkommnung bemüht, sondern das Ziel verinnerlicht hat und das Gute tut, „weil es das Gute ist", und nicht, weil es ihm Vorteil bringt. Lessings Grundthese, daß es für den Menschen überhaupt von Vorteil ist, Gutes zu tun, zeugt von einem durch und durch positiven Weltbild, in dessen Mitte der sich beständig bemühende Mensch steht. Dieser Ansatz sollte für das ganze 18. Jahrhundert und gerade auch für die Weimarer Klassik von größter Bedeutung werden …

Der rechte Ring war nicht erweislich (S. 39)

Schon eingangs zeigt sich ein sehr wesentlicher Unterschied bei dem Vergleich der beiden Fassungen. Der Ring in Lessings Parabel hat „die geheime Kraft, vor Gott/ Und Menschen angesehn zu machen, wer/ In dieser Zuversicht" ihn trägt. Es ist eine „geheime Kraft", die den Ring zu etwas Besonderem macht, eine Kraft allerdings, die nur dann wirksam wird, wenn jemand an sie glaubt und den Ring „in dieser Zuversicht" trägt (vgl. Z. 7). Erst dadurch wird dieser Mensch bei Gott und den Mitmenschen „angenehm" (Z. 6). Dies ist eine sehr wesentliche Einschränkung, denn damit hängt die Wirkung des Ringes plötzlich von zwei Komponenten ab: dem Ring als Medium und seinem Besitzer als auslösendem Faktor. Ohne den Menschen, der an die Kraft des Ringes glaubt und danach handelt – auch das ist wichtig! –, bleibt der Ring inaktiv – schön, aber austauschbar und kopierbar. Plagiate anzufertigen ist dann kein Problem. In

Boccaccios Ringparabel hat der Ring keine derartige Kraft. Sein Wert ist rein äußerlich, und der Erbe des Ringes erhält nicht auf Grund eigener Bemühungen, „angesehen" zu sein, den Ring, sondern es wird umgekehrt festgelegt, daß derjenige, der den Ring erhält, der Angesehenste sein soll – vor den Menschen, wohlgemerkt; von Gott ist hier überhaupt nicht die Rede. Es findet sich bei ihm anders als bei Lessing kein Bemühen, kein Streben darum, sich mit dem Ring auch das hohe Ansehen zu *verdienen*. Bei Lessing wird denn auch der „liebste" Sohn zum „Fürst des Hauses" (Z. 17), bei Boccaccio der schönste, tugendhafteste und gehorsamste. Die emotionale Ebene bleibt ausgeklammert bzw. ist lediglich eine Folge der genannten Eigenschaften: „Er liebte sie *folglich* alle gleich stark [Herv. v. Autor]".

In beiden Parabeln läßt der Vater zwei Duplikate des Originals machen, die bei Lessing jedoch so „vollkommen gleich" sind, daß selbst der Vater sie „nicht unterscheiden" kann und der Richter später gar vermutet: „Eure Ringe / Sind alle drei nicht echt. Der echte Ring / Vermutlich ging verloren." (Z. 124 ff.). Bei Boccaccio hingegen gibt es tatsächlich einen unterscheidbar echten Ring. Die Duplikate sind dem Original zwar „ähnlich", doch der Vater kann das Original, wenn auch mit Mühe, davon unterscheiden. Die Folge davon ist fatal: Bei Boccaccio gibt es keinen Zweifel, daß einem der drei Söhne rechtmäßig „Erbschaft nebst der Ehre" zustehen, und es ist lediglich unklar, welcher der drei der Glückliche ist. Es gibt den Besitzer des echten Rings, aber niemand weiß, welcher der Söhne es ist und wie er sich ermitteln läßt – eine verfahrene und gefährliche Situation, die wie geschaffen scheint für fürchterliche, wenngleich ergebnislose Bruderkämpfe.

Ganz anders bei Lessing. Schon durch die anderen Voraussetzungen ist eine vernünftige Lösung durch einen emotionslosen und unbeteiligten Dritten, dem die Angelegenheit übertragen wird, gegeben. Zwar kommt es zum Streit und zu Rachegedanken (vgl. Z. 106), doch der Richter fällt einen salomonischen Spruch: Der Ring äußert sich in der Bemühung, das Ererbte würdig zu besitzen, es sich zu verdienen. Gelingt dies einem der Söhne, so trägt die erfolgreiche Bemühung schon den Lohn in sich – und von daher könnten sich auch alle drei Ringe als „echt" erweisen. Sollte es indes keinem der Söhne gelingen, so sind alle drei Ringe „unecht" (Z. 125), weil wirkungslos. Die Lösung: „So *glaube* [Herv. v. Autor] jeder sicher seinen Ring / Den echten. […] Es strebe von euch jeder um die Wette, / Die Kraft des Steins in seinem Ring' an Tag / Zu legen" (Z. 135 ff.). Das Streben macht den Wert des Rings. Hier zeigt sich die Nähe zur „Duplik" Lessings: „Nicht die Wahrheit, in deren Besitz ein Mensch ist oder zu sein vermeinet, sondern die aufrichtige Mühe, die er angewandt hat, hinter die Wahrheit zu kommen, macht den Wert des Menschen." Dieses echte Streben hat bezeichnenderweise auch zwei Komponenten: den Umgang mit den Mitmenschen („Verträglichkeit" und „Wohltun") und die „Ergebenheit in Gott", den wahren Gottesglauben also. Beide Seiten sind wichtig und notwendig, ja bedingen einander geradezu. Lessing läßt denn auch keinen Zweifel daran, daß es sich bei dieser Suche nach Wahrheit um einen langen, ja unendlichen Prozeß handelt („tausend tausend Jahre", Z. 151). Es ist offensichtlich, daß bei diesem Prozeß der Weg schon das Ziel ist – genauso, wie Lessing dies auch in dem kurzen Abschnitt aus der „Erziehung des Menschengeschlechts" andeutet.

Es wird durch die von Lessing geschickt eingestreuten Bemerkungen und Ausrufe Saladins deutlich, daß es Nathan gelingt, diesen zu überzeugen. Saladins anfänglich schroffer Kommentar: „Ich versteh dich. Weiter!" macht bald der Betroffenheit Platz (vgl. Regieanweisung Z. 47), die zunächst in Verwunderung mündet (Z. 61 f.), dann aber schnell in Einsicht umschlägt: „Bei dem Lebendigen! Der Mann hat Recht/ Ich muß verstummen." (Z. 89 f.). Diese Einsicht vollzieht sich zunächst nur innerlich; Saladin will es sich nicht anmerken lassen, daß Nathan ihn überzeugt hat, doch aber schon hält es ihn nicht mehr, und er bezeugt seine Teilnahme und sein Interesse ganz offen (vgl. Z. 107 f.), bis Nathan ihn schließlich auch gefühlsmäßig gewonnen hat (vgl. Z. 129) und Saladin die religiöse Wahrheit der Parabel einsieht. Über alledem verändert sich auch seine persönliche Beziehung zu Nathan (Z. 167). Interessant ist schließlich, daß Lessing die Verschiedenartigkeit der Religionen auf ihre Geschichte gründet (vgl. Z. 73 ff.), indem er Nathan sagen läßt, daß das Bekenntnis zu einer Religion gewissermaßen willkürlich geschieht, indem man automatisch die Religion der „Seinen" übernehme. Hier zeigen sich in der konsequenten Fortsetzung dieses Gedankens ganz deutlich die eigentlichen Glaubensrichtlinien, die Mendelssohn in seinem Brief an Lavater äußert (vgl. S.37), wonach es unzumutbar ist, andere von der Richtigkeit der eigenen Religion überzeugen zu wollen: „Kann ich von dir verlangen, daß du deine / Vorfahren Lügen strafst, um meinen nicht / Zu widersprechen?"

G. E. Lessing: Eine Parabel (S. 43)

Der Text ist in vier gedankliche Abschnitte gegliedert, von denen der erste, die Einleitung gewissermaßen, eine kurze Beschreibung der Vorzüge des Palastes darstellt. Der zweite Teil beschäftigt sich mit den „vermeinten Kennern" des Palastes, den Gegnern Lessings, und der dritte beschreibt die Einschätzung der „wenigen", also der Aufklärer, in dieser Auseinandersetzung. Der vierte Abschnitt bringt schließlich eine exemplarische Begebenheit, in der die möglichen Konsequenzen beider Denkweisen vor Augen geführt werden. Gleich zu Beginn wird das Wichtigste beschrieben: der König. Er ist „weise" und „tätig", das bedeutet, daß er in seiner Weisheit regiert und sich nicht zurückzieht. Sein Reich und natürlich auch das Innere seines Palastes unterliegen daher permanenter Veränderung. Diese Feststellung ist wichtig, weil es sich schon von daher verbietet zu meinen, jemand könne alles über den Palast wissen. Der Palast selbst ist „unermeßlich groß", und seine Architektur entspricht nicht den menschlichen Regeln und Maßstäben, wenngleich er durchaus den ästhetischen Vorstellungen der Menschen entspricht und überdies nach Maßstäben der Vernunft und Stimmigkeit konzipiert und gebaut ist (vgl. Z. 5 f.). Nicht Reichtum und Schmuck sind äußere Gestaltungsmerkmale, sondern „Einfachheit" und „Größe" von einer Schlichtheit und Schönheit, die keines Schmuckes bedarf, diesen aber durchaus zu haben scheint. Der Palast ist zeitlos – er altert nicht (vgl. Z. 9 ff.), scheint für die Ewigkeit gebaut.

Funktionalität ist das zentrale Bauprinzip des Palastes (vgl. Z. 9 ff.), es dominieren „Licht und Zusammenhang". Sie sind konstituierende Elemente der Konstruktion des Palastes, was allerdings eine für den normalen Betrachter ungewohnte Bauweise bedingt, denn die Fenster in den verschiedensten Formen und Größen lassen von überall Licht eindringen, wobei allerdings die Feststellung wichtig ist, daß das meiste Licht „von oben" kommt, göttliches Licht ist. Auch die Zugänge in den Palast kommen dem oberflächlichen Betrachter seltsam vor: Nicht, wie eigentlich zu erwarten, einige Hauptzugänge an jeder Seite des Gebäudes führen die Besucher ins Innere, sondern viele verschiedene „Türen und Tore von mancherlei Form und Größe" (Z. 15 f.). Diese lassen es zu, daß jeder, der in den Palast „gerufen" wird (Z. 22) – offenbar kommt man nur als Auserwählter hinein –, auf dem schnellsten Wege ins Innere gelangen kann. Alle Menschen gehören zwar zum Reich des „weisen Königs", aber der Palast bleibt den allermeisten von ihnen verschlossen, was indessen eigentlich überhaupt nicht schadet, da es schließlich in allererster Linie darauf ankommt, daß „die gütigste Weisheit den ganzen Palast erfüllet und daß sich aus ihm nichts als Schönheit und Ordnung und Wohlstand auf das ganze Land" verbreitet (Z. 38 ff.). Der eigentliche Wert und die Funktion des Palastes äußern sich also in seiner positiven Ausstrahlung und seinem wohltuenden Einfluß auf das „ganze Land". Sein Grundriß erscheint daneben völlig sekundär, die Frage nach seiner inneren Architektur unnütz, der Streit darüber gar schädlich und gefährlich.

Überträgt man diese Inhalte nun auf die Wirklichkeitsebene, so äußert sich der Wert einer Religion auch hier – wie schon im „Nathan" – in ihrer Wirkung auf die Menschen und ihre Gemeinschaft, und wenn in der „Ringparabel" der rechte Ring nicht „erweislich" war, so sind in der „Parabel" die alten Grundrisse weitgehend verlorengegangen, was viele dazu provoziert, sich ihre eigenen „Grundrisse" zusammenzusetzen. Ein Streit darüber, wie die „richtige" Religion aussehe, ist jedoch nicht nur müßig, sondern läuft in seinen Auswirkungen dem humanen Grundgedanken der Religion entgegen. Die Religion ist für den Menschen da, nicht umgekehrt – wiewohl der Mensch durchaus Untertan des „weisen Königs" ist.

Diejenigen, die sich ihre eigenen Grundrisse machen und diese gegen die anderen verteidigen, verkennen so das eigentliche Wesen der Religion, und diejenigen, die am heftigsten streiten, verkennen es am allermeisten und haben ihr inneres Wesen am wenigsten begriffen (vgl. Z. 33 ff.). Sie *glauben* deshalb auch nur, „Kenner" zu sein, und wettern gleichzeitig gegen diejenigen „wenigen", die so vernünftig sind, zu sehen, daß derartige „Grundriß-Diskussionen" zu nichts führen. Diese „wenigen" beleuchten ihrerseits ab und zu einen der „besonderen Grundrisse ein wenig näher (vgl. Z. 42), um ihn kritisch zu prüfen und zu widerlegen. Und auf Grund ihrer höheren Einsicht werden sie auch bevorzugt, wenn es darum geht, „innerhalb des Palastes" arbeiten zu dürfen (Z. 46). Daß Lessing mit diesen „we-

nigen" die Vertreter der Aufklärung meint, wird deutlich, wenn er sie die Grundrisse der andern näher „beleuchten" läßt. Allein daran schon erkennt man ihre Nähe zum Palast, der überall „Licht und Zusammenhang" ist (Z. 11 f.).
Im Rahmen dieser Lichtmetaphorik muß auch das „Feuer" gesehen werden. Es wird in diesem Arbeitsheft mehrfach darauf hingewiesen, daß das „Licht" der Aufklärung ein wohltuendes, wärmendes und erhellendes Licht sein kann, andererseits aber auch ein zerstörendes Licht (vgl. S. 75). Diese Aussage findet bei Lichtenberg sogar explizit. Die „Feuersbrunst", die bei den „vermeinten Kennern" Panik auslöst und zeigt, daß es ihnen gar nicht um die Rettung des eigentlichen Palastes zu tun ist, entpuppt sich schließlich bezeichnenderweise als natürliches, schönes und völlig harmloses „Nordlicht". Damit kann natürlich ein wirkliches Nordlicht gemeint sein, es kann sich aber auch um eine Metapher für einen Aufklärer aus dem Norden handeln, dessen Gedanken und Veröffentlichungen von seinen Gegnern für eine verzehrende „Feuersbrunst" gehalten werden – vielleicht spielt Lessing damit auf seinen eigenen damaligen Konflikt mit Goeze und seiner Anhängerschaft an.
Lessing sagte über seine Absicht mit der „Parabel", er habe sie „bestimmt, die ganze Geschichte der christlichen Religion […] vorzustellen." Das bedeutet, daß es sich bei den „Kennern" mit ihren verschiedenen Grundrissen um Bibelexperten verschiedener Konfessionen und Schulen handeln würde. Gleichwohl kann man den Text aber im Hinblick auf Lessings „Nathan" durchaus auch so deuten, daß Lessing gewissermaßen von einer Ur-Religion ausgeht, mit der alle andern Religionen ein wenig Ähnlichkeit haben, so sehr sie sich auch sonst unterscheiden. In diesem Fall wären die „Kenner" Vertreter verschiedener Religionen, die davon überzeugt sind, die ihre sei die richtige. Diese Deutung gewinnt an Wahrscheinlichkeit, wenn man sich vor Augen führt, daß Lessing zu diesem Zeitpunkt bemüht war, dem Streit mit Goeze zwar nicht aus dem Wege zu gehen, ihn aber auch nicht kulminieren zu lassen. Hinzu kommt der Hinweis auf Mission, religiöse Unfreiheit oder gar Glaubenskriege (Z. 24), und schließlich muß sich auch der Text auf dem Hintergrund der Auseinandersetzung zwischen Lessings Freund Mendelssohn und Lavater sehen (vgl. S. 37).

Laokoon, Anakreon und Hanswurst

Moralische Wochenschriften und literarischer Markt (S. 48)

Auf Grund drastisch steigender Leserzahlen geht der Anteil der geistlichen Literatur prozentual zurück, denn die neuen bürgerlichen Leserschichten bevorzugen weltliche Werke. Ein starker Anstieg der Popularität ist bei fast allen Bereichen der Literatur und Wissenschaft zu verzeichnen, ganz besonders stark entwickeln sich aber die Zahlen bei der Produktion philosophischer und poetischer Bücher. Dies darf natürlich nicht so verstanden werden, daß Ethik, Moral und Religion aus dem Bewußtsein der Menschen verdrängt worden wären. Richtig ist vielmehr, daß sie bürgerlich überformt und auf das tägliche Leben ausgerichtet wurden.

Literarisches Rokoko (Anakreontik) (S. 49)

Die Gedichte der Anakreontik zeigen alle ein Gegenbild zur Realität. Die Enge und Begrenztheit der bürgerlichen Verhältnisse im politischen, sozialen, wirtschaftlichen und ethisch-moralischen Sinne wird programmatisch verlassen, indem die Anakreontik eine Gegenwelt entwirft, in der eine geradezu paradiesische, weltabgewandte Grundstimmung der Freizügigkeit herrscht: „Wein und Liebe", „Freude" und „Tanz" sind wichtige Motive dieser literarischen Strömung, und es ist bezeichnend, daß der Raum, in dem diese Literatur inhaltlich meist angesiedelt ist, in der Regel eine idealisierte Szenerie in der freien Landschaft, allenfalls noch im Garten ist. Das Haus wird als beengender Bereich gemieden. Dennoch zeigen sich auch spezifisch bürgerliche Züge in der Literatur dieser Richtung: Es gibt keine zügellosen Ausschweifungen, sondern die „Tugend" spielt eine tragende Rolle: „Nur Feinde der Tugend/ Sind Feinde der Lust" und: „Tugend und Freude sind ewig verwandt". Die Tugend schafft eine Beziehung zur Freude, indem sie ein „reines Gewissen" garantiert, und „ein ehrliches Herz/ Macht munter zu Küssen, / Zu Tanzen und Scherz". Die jungen Bürgerlichen strebten also kein ekstatisches Ausleben ihrer Triebe an, sondern grenzten sich durch das Postulat der Tugend scharf vom Adel ab, dessen Unmoralität durch zahlreiche Zeugnisse der damaligen Zeit belegt wird (vgl. etwa Schriften und Rezeption von Marquis de Sade). Sie versuchten, auf der Basis bürgerlicher Wertvorstellungen ebendieser bürgerlichen Welt und ihrer Enge zu entkommen. Dieser Ausbruchsversuch war natürlich auch eine Folge der täglich erlebten Einflußlosigkeit des Bürgertums – und gerade auch des jugendlichen Bürgertums – in allen Bereichen des öffentlichen Lebens. So markieren die Texte denn auch eigentlich eine doppelte Abgrenzung: vom Adel durch das Postulat der Tugend, vom Bürgertum durch das programmatische Verlassen der bürgerlichen Sphäre und das Eindringen in eine überzeitliche paradieshafte Scheinwelt im dezidiert außerpolitischen Bereich.

Die Frau wird frei geboren …

Die Aufgaben zu diesem Kapitel sind so konzipiert, daß sie weitestgehend nach eigener Einschätzung und Beurteilung der Leserinnen und Leser zu lösen sind.

Lessing – eine Biographie des 18. Jahrhunderts

Lessing war ein Mensch, dem materielle Werte nie etwas bedeuteten. Er sah seine Rolle in erster Linie als Kritiker, als Kämpfer gegen Dogmatismus und Unterdrückung und für Vorurteilslosigkeit und Toleranz. Davon ist auch sein Selbstbild gekennzeichnet. Es ist nicht nur vordergründige Bescheidenheit, wenn er abstreitet, ein Dichter zu sein. Erstaunlich ist allerdings die Begründung, die er dafür gibt: Er sagt, er fühle die „lebendige Quelle nicht in [sich], die durch eigene Kraft sich emporarbeitet …" Dichtung ist für ihn durchaus also ein schöpferischer Prozeß, der nicht rein rational gesteuert ist, sondern der aus dem Innern des Menschen kommt. Wenn er davon spricht, daß die echte „Quelle" der Dichtung „in so frischen, so frischen, so reinen Strahlen aufschießt", so suggeriert dies, daß Dichtung spontan entstehe. Er dagegen brauche künstliche Hilfen („Druckwerk und Röhren") und müsse alles „heraufpressen". Er sieht also etwas Zwanghaftes in seiner Art zu schreiben, etwas übermäßig Rationalistisches. Diese Aussage mag bei einem Dichter der Aufklärung verwundern, denn man könnte doch meinen, daß im Zeitalter der Vernunft das Kunstwerk gerade durchdacht werden müsse. Lessing geht es dabei aber weniger um die Form der Dichtung – so lehnt er z.B. die Werke der Stürmer und Dränger mit harschen Worten ab – als vielmehr um die Weise ihrer Entstehung. Dichtung muß selbständig entstehen, muß unabhängig von Vorlagen, muß gedanklich eigenständig sein. Daher kritisiert er z.B. in seiner „Hamburgischen Dramaturgie" durchaus auch Werke von Autoren der Aufklärung, die ebendiese eigene, unabhängige Gedankenführung vermissen lassen, und verehrt andererseits Shakespeare, dessen äußere Form zu dichten mit dem ästhetischen Ideal der Aufklärung eigentlich hätte unvereinbar sein müssen.

Menschliches, Alltägliches

Das Kapitel soll auf vier verschiedenen Gebieten einen Hintergrund der damaligen Zeit vermitteln, soll verdeutlichen, wie die Menschen damals lebten und dachten, wie sie ihre Zeit sahen. Literatur ist immer nur ein Teil gesellschaftlicher Wirklichkeit, ist immer gebrochen durch die Sichtweise des Dichters, der einen literarischen Text schreibt, und wird nur zu oft losgelöst von der Zeit ihrer Entstehung betrachtet. Man muß sich zwar davor hüten, Literatur als nichts weiter als ein Abbild ihrer Zeit zu betrachten, andererseits ist es aber auch hilfreich, sie im Kontext anderer gesellschaftlicher Entwicklungen zu sehen. Gerade die Aufklärung äußerte sich beileibe nicht nur in der Literatur, sondern war eine gesamtgesellschaftliche Bewegung, und sie nahm durchaus auch – von unserer heutigen Sicht aus beurteilt – z.T. problematische Formen an, z.B., was das damalige Ideal der Erziehung oder den Umgang mit Behinderten betraf. Auch solche Aspekte müssen bedacht werden, wenn man versuchen will, eine Epoche möglichst ganzheitlich zu verstehen.
Heutigen Leserinnen und Lesern mag vieles an der Aufklärung widersprüchlich scheinen: So vertritt Freiherr von Knigge einerseits eine geradezu verwegen fortschrittliche Position, andererseits polemisiert er gegen Frauen, die die Literatur zu ihrem Beruf machen (vgl. S. 53). Und man sollte meinen, daß in der Aufklärung, die den einzelnen dazu erziehen wollte, selbst zu denken, die Erziehung der Kinder und Jugendlichen eigentlich recht freizügig sein müßte. Das Gegenteil ist der Fall. Durch harte, bisweilen unnachgiebige Erziehung sollte adligen wie bürgerlichen Kindern Selbstdisziplin beige-

bracht werden. Das Erwachsenwerden wurde als ein Prozeß des Vernünftigwerdens und der Tugend verstanden, und als solcher mußte er begleitet sein von ständiger Aufsicht und Anleitung, damit diese Vernunft nicht dem Trieb zum Spiele oder dem Müßiggang zum Opfer fiele.

Auch im Bereich der Justiz zeigt sich eine gewisse Doppelgesichtigkeit der Aufklärung. Auf der einen Seite brachten Beccarias Werke eine ganz neue Qualität in das Strafrecht. Plötzlich wurde die Gerichtsbarkeit transparent. Es ging nun nicht mehr darum, absolute Macht zu demonstrieren, sondern das Urteil wurde auf der Basis einer gewissen Rechtsverbindlichkeit eines Gesetzbuches gesprochen, eines Gesetzbuches, das auch den „Souverän" in Schranken wies. Der Begriff des „öffentlichen Wohls" wurde nun bedeutsam, die Gemeinschaft – und das heißt das Volk – rückte nun in den Mittelpunkt. Geradezu revolutionär war Beccarias Vorschlag der Gewaltenteilung. Er nahm dem Herrscher die richtende Gewalt aus den Händen und entmachtete ihn damit.

Andererseits führte der „aufgeklärte" Strafvollzug auch zur Diskriminierung derer, die nicht oder vermeintlich nicht im Vollbesitz ihrer geistigen Kräfte waren, und stempelte diese fast zu Untermenschen ab, stellte sie auf jeden Fall auf eine Stufe mit Verbrechern. Das Denken in der Kategorie des Nutzens des einzelnen für die Allgemeinheit gewann in fataler Weise die Oberhand, und nur zu oft blieb die Menschlichkeit auf der Strecke.

Die Aufklärung im Zwielicht?

In diesem Kapitel sollen Errungenschaften und Gefahren der Aufklärung einander kritisch gegenübergestellt werden. Das „Fabelchen" von einem unbekannten Verfasser steht stellvertretend für die Vorwürfe, die der Aufklärung von jeher gemacht wurden: Sie zerstöre, indem sie Licht und Wärme bringen wolle, sie übertreibe die Bedeutung von Verstand und Vernunft und vernachlässige das Gefühl. Sie sei negativ, indem sie nur kritisiert, dem Kritisierten aber nichts Konstruktives entgegenzustellen habe. Nicht zufällig wird als „Held" ein Affe gewählt, ein Tier also, dessen Name auch als Schimpfwort verwendet wird und dessen Wesen in der Fabel von vornherein als dumm, aufdringlich, eingebildet und laut festgelegt ist (vgl. dazu auch die Fabel von Pfeffel, S. 12). Dieser Affe bedient sich nun der aufklärerischen Begriffe „Nacht" und „Tag" – jedoch in einem völlig vordergründigen, naiven und falschen Sinne. Seine „Aufklärung" bleibt ichbezogen („Ich, – ich verwandle Nacht in Tag!") und wirkt zerstörerisch (vgl. dazu auch S. 44 und S. 86). Peter Pütz (s. Literaturhinweise) kommentiert dies folgendermaßen: „Und dieses Ich verwandelt Nacht in Tag, maßt sich mit seinem fiat lux eine gottähnliche Schöpferrolle an. Es ist ihr jedoch in keinem Belange gewachsen; denn auf ‚Glanz‘ reimt sich ‚Hans‘, und das scheinbare Licht der Aufklärung ist in Wahrheit das Feuer der Verbrennung. So wie im Mittelalter der Satan als Affe Gottes (simia dei) Werke und Funktionen des Herrn verzerrend und verkehrend nachäfft, so bewirkt auch der Held der Fabel statt Aufklärung nur Vernichtung. Daß ihr ausgerechnet ein Zedernhain anheimfällt, ist ein Verlust besonderer Art; denn die Zeder gilt bereits den biblischen Propheten als Bild des Hoch-Erhabenen und Ewigen". Der Affe – und mithin der falsche „Aufklärer" – zerstört also wertvolles religiöses Gut um einer kurzzeitigen Laune willen. Doch damit nicht genug: Sein Tun findet bei zahlreichen Bewunderern Anklang; die anderen Tiere kommen und lassen ihn hochleben, weil er „die Gegend aufgeklärt" hat. Das heißt, der Affe hat einen fatalen Einfluß auf die noch ungebildeteren anderen Tiere, seine „Brüder", und diese begründen obendrein noch seinen „Nachruhm". Kritischer kann man die Aufklärung und ihre Vertreter schwerlich mehr sehen. Allerdings ist es auch erwähnenswert, daß der Verfasser des Texts – ob absichtlich oder nicht – davon ausgeht, daß es „Nacht" ist und ein großes Bedürfnis nach Helligkeit zu bestehen scheint. Woher dieses rührt, wäre zu prüfen ...

Was bedeutet die Aufklärung für uns heute? „Aufklärung" wurde ursprünglich verstanden als ein Prozeß, der nicht umkehrbar eine Entwicklung der Menschheit zu einer besseren und gerechteren Welt einleiten sollte. Die Verengung des Begriffs auf eine literarische Epoche datiert aus späterer Zeit. Deshalb sollte auch die Frage nach den Errungenschaften und Rückschlägen der Aufklärung nicht nur auf der Basis der Literatur untersucht werden, sondern auf der Grundlage der damaligen Zeit insgesamt.

Ulrich Im Hof: Das Erbe der Aufklärung (S. 75)

Dies genau tut Im Hof in seinem Text, wenn er z.B. den „naive[n] Glauben an den immerwährenden Fortschritt" mit den beiden Weltkriegen und dem Faschismus kontrastiert. Und wenn er ein teilweises Scheitern der Aufklärung feststellt, so ist dieses seiner Einschätzung nach nicht auf immanente „Fehler" der Epoche mit ihrem Gedankengut zurückzuführen, sondern auf den Glauben des damaligen Wortführer, der Mensch sei vernünftig genug, durch vernünftige Worte überzeugt werden zu können.

Karl Jaspers: Richtig und falsch verstandene Aufklärung (S. 76)

Auch der Text von Karl Jaspers sollte nicht nur auf die Literatur der Aufklärung bezogen werden. Bei der Gliederung sind selbstverständlich verschiedene Formulierungen möglich, und die folgenden Lösungsvorschläge müssen in einer Reihe von Alternativen gesehen werden, die im Gespräch erörtert werden sollten:

1. Forderungen der Aufklärung
a) gegen fragloses Fürwahrhalten
b) gegen falsch begründete Handlungen
c) gegen Verbot des Fragens
d) gegen Vorurteile
e) für Bemühen um Einsicht und kritisches Bewußtsein

2. Vorwürfe
a) zerstört Überlieferung
b) löst Glauben auf; Folge: Nihilismus
c) gibt Freiheit zur Willkür
d) Ursache von Unordnung
e) macht den Menschen unselig

2a. „Falsche Aufklärung"
1. alles gründet nur auf Verstand
2. verabsolutiert Einzelerkenntnisse
3. verführt zur Ichbezogenheit
4. hat keinen Sinn für Ausnahme
Fazit: will nur wissen, nicht glauben

3. „Wahre Aufklärung"
1) Verstand ist nur *Weg*
2) wendet Erkenntnisse des Verstandes sinnvoll an
3) A. gründet auf Forschung und Wissenschaft in der Gemeinschaft

Zusammenfassung
Wahre A. hinterfragt sich selbst, klärt sich selbst auf, weiß, daß Menschsein mehr ist als nur Verstand.

Grass/Goya: Der Traum der Vernunft S. 78)

Grass stellt zwei Deutungsansätze einander gegenüber: Im ersten ist es die Vernunft selbst, die Ungeheuer hervorbringt, die, statt aufzuklären, durchleuchtet, statt zu erleuchten, gläsern macht. Diese Art der Aufklärung mündet in eine unmenschliche, weil kalte Welt, eine Welt der Ideologien, die den Menschen übergestülpt werden und die sich in der Praxis als menschenfern oder gar unmenschlich erwiesen haben und noch erweisen.

Im zweiten Deutungsversuch läßt die schlafende Vernunft es zu, daß der Irrationalismus, die Unvernunft sich breitmacht. Auch dies kann verderblich sein, kann zu Massenhysterie wie beim Faschismus führen.

Grass sieht dennoch in der ersten Deutung die größere Gefahr, weil er der Ansicht ist, daß sich die „sich wissenschaftlich nennende Vernunft" mittlerweile verselbständigt hat und das, was man früher unter „Fortschritt" verstand, inzwischen auf das technisch Machbare reduziert worden ist. Er zweifelt daran, daß diese Entwicklung aufzuhalten ist. Sie ist irreversibel, denn die Zukunft ist bereits heute „von Zerstörungsprozessen besetzt", die ein im Sinne von Jaspers' Aufsatz falsches Verständnis von Vernunft und Verstand in Gang gesetzt hat. Die Zukunft ist „ruiniert", bevor sie noch begonnen hat, und daran können seiner Ansicht nach selbst die notwendigen „Träume" und „Märchen", die Rückbesinnung wohl auch auf die Natur, nichts mehr ändern.

In einem Fernsehinterview nannte Grass zu Goyas Bild u.a. folgende Deutungsmöglichkeiten:

„Wenn die Vernunft schläft, kommen die Ungeheuer zum Zuge. Wenn die Vernunft träumt, sieht sie Ungeheuer, die die Vernunft bedrohen. Man kann aber auch sagen, daß die schlafende oder träumende Vernunft eine andere Gefahr in sich birgt: daß sie sich absolut setzt."

Den letzten Aspekt vertiefend, sagt er in dem Interview weiter:

„Das Bekenntnis zur Vernunft [darf] nicht erstarren zur Gläubigkeit der Vernunft gegenüber. Der Prozeß der europäischen Aufklärung hat von den Anfängen her viel mehr Offenheit bewiesen. Bei Montaigne ist das Irrationale, das auch zum Menschen gehört, noch einbezogen in den Vernunftsbegriff; und dann setzte sich die Aufklärung absolut, schied all das aus, diffamierte es als irrational, setzte es frei – nur so wurde es dann auch als Gegenkraft, als Ungeheuer politisch wirksam, weil nicht mehr eingebunden. Die Vernunft verabsolutierte sich zum Machbaren, zu einem platten Fortschrittsbegriff. [...] Vielleicht sollten wir heute begreifen, daß die Ergebnisse der Vernunft einer ständigen Revision bedürfen, daß also ideologische Erneuerung sich nicht auf Vernunft berufen darf." (Quelle: Meine Bildergeschichte. Grass und Goya. Buch und Regie: Heinrich Breloer, Redaktion: Beate Pinkerneil, Produktion der Gerhard Schmidt scripts and films, ZDF 1994)

Günter Kunert: Aufklärung I (S. 80)

Was Grass als Gefahr formuliert, ist für Kunert bereits Gewißheit geworden: Die Aufklärung hat mit ihrer Wissenschaftlichkeit alles zerstört, was nicht mit dem Verstand zu prüfen war, und ist nun nicht mehr in der Lage, die entstandene Lücke aufzufüllen. Sie hat zerstört, ohne ein Konzept des Neuaufbaus zu haben. Letztendlich, so Kunert, ist die Aufklärung sogar für den „Schwund der Gewissen" verantwortlich.

Bei der Diskussion über Kunerts Text könnte es von Bedeutung sein, zu wissen, daß er unter dem Regime der ehemaligen DDR entstand.

Rätselhaftes

Die Hand der Germanistikstudentin (S. 83)

Der Text enthält insgesamt 19 Fehler. Dabei sind folgende Aussagen falsch (in Klammern die richtige Aussage):

Lessings Geburtsstadt ist nicht Leipzig (Kamenz),
wackliger dreibeiniger Tisch (drei Punkte bilden eine Ebene; ein dreibeiniger Tisch kann nicht wackeln),
Genau 50 Jahre (Lessing wurde 52 Jahre alt),
Friedrich Nicolai (das Vorbild für den „Nathan" war Moses Mendelssohn),
Otto, Vater der Emilia (Odoardo),
dessen Mahnung (die gemeinte Mahnung kommt von Nathan bzw. dem Richter in der Ringparabel),
Es eifre jeder einer freien Liebe nach („Es eifre jeder seiner unbestochnen/ Von Vorurteilen freien Liebe nach."),
Graf Marinelli (Graf Appiani),
selbst umbringt (Odoardo bringt sie schließlich um),
Moses Mendelssohn (das Stück „Die Juden" ist von Lessing),
des typischsten Komponisten der Zeit, Daniel Chodowiecki (Daniel Chodowiecki war Zeichner),
Das Fräulein von Tellheim (Das Fräulein von Sternheim; Major von Tellheim ist eine Figur aus Lessings Drama „Minna von Barnhelm"),
Literaturprofessor (Lichtenberg war ein bekannter Physikprofessor),
Beccaria [...] ohne jeden Einfluß (der Einfluß Beccarias war sehr bedeutend),
I. Kant (Kant setzte sich nicht für die Emanzipation der Frau ein, sondern stand dieser eher negativ gegenüber),
Ästhetik gleicht der des Barock (die Aufklärung grenzt sich im Gegenteil stark von der Ä. des Barock ab),
Bildhauer Winckelmann (W. war Kunst- und Literaturwissenschaftler),
„pralle Mimik und Gestik" (falsch; statt dessen: „edle Einfalt, stille Größe"),
Nachwirkungen der Frz. Rev. auf die Aufklärung (die „Aufklärung" war als Literaturepoche zur Zeit der Frz. Rev. weitestgehend zu Ende).

Daraus folgt: 19 Fehler: 19 Uhr, Quersumme 10: Oktober; Addition: 29, abzüglich des Tages von Lessings Geburt (22. Januar): 7. Der Treffpunkt ist also am 7. Oktober um 19 Uhr vor dem Rathaus in Berlin, dem Wohnort von Moses Mendelssohn, der sich hinter der Adresse verbirgt.

Aufklärung in Silben (S. 85)

Auflösung:
1. Aufklärung
2. Rationalismus
3. Freiherr
4. Fabel
5. Ringparabel
6. Aphorismus
7. Spinoza
8. Anakreontik
9. Bukolik
10. Marinelli
11. Toleranz
12. Wanderbühnen
13. Hauptpastor
14. Pomona
15. Lichtenberg
16. Brentano
17. Voltaire
18. Immanuel
19. Antike
20. Thomasius

Sätze der Aufklärung – oder etwa nicht? (S. 85)

1. J. W. L. Gleim (Aufklärung)
2. Angelus Silesius (Barock)
3. J. W. Goethe (aus „Faust")
4. G. Chr. Lichtenberg (Aufklärung)
5. J. G. Hamann (Sturm und Drang)
6. G. Chr. Lichtenberg (Aufklärung)
7. J. G. Hamann (Sturm und Drang)
8. G. Chr. Lichtenberg (Aufklärung)
9. Marie von Ebner-Eschenbach (Realismus)
10. Karl Kraus (Impressionismus)

Was für ein Zeichen meinte Lichtenberg? (S. 86)

Bei dem Zeichen Lichtenbergs handelt es sich um ein gleichseitiges Dreieck.